글쓰기의 이해와 실제

| 김현욱 · 박찬흥 공저 |

Theory and Practice of Writing

학지사

머리말

현대 사회는 정신을 차릴 수 없을 정도로 빨리 변화하며, 현대인에게 끊임없는 변화와 적응을 요구하고 있다. 자기의 능력을 구체적으로 드러내고 개발할 수 있는 역량은 바로 이러한 변화와 적응의 중심에 있다.

이런 차원에서 글쓰기는 매우 중요하다. 글쓰기는 사고의 과정이자 결과다. 글쓰기를 통해 자아를 성장시키고 정서를 순화할 수 있으며 원만한 대인관계를 형성해 나갈 수 있다. 그러나 누구나 글쓰기의 중요성을 인정하고 있음에도, 정작 이러한 활동을 제대로 실천하기란 쉽지 않다. 그 원인은 다양하겠으나 무엇보다 자세한 안내와 구체적인 연습의 기회가 부족한 것을 원인으로 들 수 있다.

주변에서 다양한 글쓰기 자료와 활동을 담고 있는 서적을 쉽게 찾아볼 수 있다. 그러나 글쓰기를 연습하고 실천할 대상이 나름의 특징을 가지고 있다는 점을 생각해 볼 때, 알맞은 교재를 찾기란 쉬운 일이 아니다. 이 책은 이러한 점을 고려하여 일반적으로 적용할 수 있는 글쓰기 교육을 지향하였다. 특히 초, 중, 고등학교에서 실질적으로 글쓰기 교육의 기회를 충분히 접해 보지 못한 학생, 한 편의 글을 완성하는 데에 막연한 어려움을 느끼는 학생 및 일반인, 글쓰기와 관련된 정의적 요인(동기, 효능감, 태도)이 낮은 사람에게 도움을 주고자 하였다.

이 책은 크게 세 부분으로 구성하였다. 제1부는 글쓰기의 이해로서 글쓰기에 대한 기초적인 내용을 다루었고, 제2부는 글쓰기의 과정으로서 일반적인 글쓰기 절차와 방법을 다루었다. 제3부는 다양한 글쓰기 유형에 관하여 알아보고 구체적인 연습을 할 수 있도록 구성하였다. 그리고 각 짝수 쪽에 명언, 속담, 사자성어 등을 첨가하여 풍부한 글쓰기를 위한 자료는 물론, 사색의 기회 또한 제공하고자 하였다.

입시 교육에 물든 우리 사회에서 글쓰기의 중요성에 대한 일반적인 인식과는 달리 구체적인 실천은 너무나도 부족하다. 특히 사회 진출을 준비하고 있는 학생의 경우, 글쓰기 학습의 필요성을 절실히 느끼지 못하는 경우도 많다. 부디 여러분의 사고와 자아를 개발할 수 있는 글쓰기 역량을 갖추는 데 이 책이 크게 이바지할 수 있기를 기대한다.

2016년 가을에

차 례

제1부
글쓰기의 이해

제1장

글쓰기의 기초

1. 글쓰기의 중요성

글쓰기는 역사가 시작되면서 줄곧 이어진 인간 삶의 필수 요소다. 글쓰기는 일부 사람들이나 그 일을 업으로 하는 사람들만의 전유물이 아니다. 현대 사회를 살아가는 사람이라면 누구나 해야만 하는 필수 기능이다. 글쓰기가 인간의 삶에 필수 요소인 까닭을 살펴보면 다음과 같다.

첫째, 글쓰기는 자아를 올바로 인식하도록 해 준다. 자아를 이해하고 성장시키는 것은 곧 삶의 이유라고 해도 과언이 아니다. 글쓰기는 자아를 이해하고 성장시킬 수 있는 매우 효과적인 방법이다. 글쓰기 과정을 통해 자신의 마음속에 떠오르는 다양한 사고를 찾아내고 규명하며 발전시킬 수 있다. 순간순간 스쳐 가는 수천 가지 생각은 글쓰기를 통해 뚜렷해지며 인식할 수 있다.

둘째, 글쓰기는 자기를 표현하는 것이다. 인간은 자신을 끊임없이 표출하고자 하는 욕구를 가지고 있다. 그것은 대인 앞이나 혹은 스스로를 향해 이루어지면서 자신의 가치를 확인하고 나타내고자 한다. 자기 표현의 본능을 충족하는 존재는 건강한 삶을 유지할 수 있지만 이러한 욕구의 좌절로 인하여 자기 갈등과 자기 번민의 상태에 빠진다면 결국 병든 존재가 되고 만다. 안정되고 건강한 자기 표현은 현대 사회를 성공적으로 살아가기 위해 반드시 요구된다. 글쓰기를 통해 이러한 필요와 요구를 해소할 수 있고, 사회적인 대응도 가능해진다.

셋째, 글쓰기는 인간이 세계와 소통하고 관계하는 방식이다. 인간은 사회적 존재로서 고립되어 살아갈 수 없다. 다양한 교류를 통해 자기를 발견하고 완성할 수 있으며 이는 곧 삶을 살아가는 것이 된다. 교류할 대상을 찾지 못하고 홀로 고립되면 자신의 의미도 상실한다. 그러므로 인간은 적극적으로 사회적 관계를 형성해야 한다. 글쓰기는 인간이 사회와 긴밀히 교류하게 하고 자아 완성의 수단을 제공한다.

글쓰기를 하려면 몇 가지 필수적인 요소가 전제되어야 한다. 먼저 인지적 활동이 있어야 하고, 이러한 인지적 활동의 결과가 적절히 구성되어야 하며, 마지막으로 효과적으로 표현되어야 한다. 이 요소가 전제되어야만 자신의 의도를 드러내거나 전달하여 원하는 결과물을 생산해 낼 수 있다. 이러한 요소를 구체적으로 살펴보면 다음과 같다.

첫 번째 요소는 인지적 활동이다. 지식, 감정, 태도, 이해 등에 대한 인지적 활동이 의식적으로 일어나야만 글쓰기가 가능해진다. 인지하지 않고서 글을 쓰기란 불가능하다. 드러내고자 하는 주제와 연관된 지식, 경험, 감정, 태도, 이해가 있어야 한다. 인지적 활동은 무엇을 어떻게 써야 할지를 결정하고, 글의 수준과 방향을 제시해 준다. 좋은 내용을 담아낼 수 있는지가 인지적 활동을 통해 잠정적으로 결정된다. 따라서 글을 쓰기 위해서는 주제에 관하여 폭넓은 지식과 다양한 경험을 갖는 것이 중요하다.

두 번째 요소는 글의 구성이다. 인지적 활동을 통해 주제와 내용이 결정

생명력을 지니고 태어난 책이 있다. 어떤 책이든지 읽는 이에게 생명을 불어넣을 수 있는 정신의 불꽃이 불붙기 전까지 그 책은 죽은 물건에 불과하다. – H. 밀러

된다면 구성은 이것을 어떻게 엮어 갈 것인가에 대한 것이다. 내용의 흐름과 순서에 따라 일정하게 나열하고 조직하여 논리와 체계를 갖추어야 한다. 구성을 어떻게 하는가에 따라 글의 수준이 크게 달라진다. 글의 뼈대가 되는 구성에 일관성과 논리성이 없다면 글의 의도를 정확하게 전달하지 못한다.

세 번째 요소는 효과적인 표현이다. 아무리 훌륭한 내용과 논리적인 구성을 갖추었을지라도 그것이 문장으로 알맞게 표현되지 못한다면 글의 뜻을 펼치지 못할 것이다. 표현은 글쓴이의 주제와 구성을 바탕으로 실제 글이 되는 수단이다. 주제를 정확히 담아내는 어휘를 선택하고 문법에 맞게 나열하며 효과적인 수사법으로 표현될 수 있을 때 최종적으로 글이 완성된다. 글쓴이가 의도한 대로 독자와 소통하고 공감을 할 수 있는 것은 알맞은 표현이 될 때 가능한 것이다.

2. 글쓰기 전략의 필요성

인간에게 글쓰기는 피할 수 없는 과업임에도 이를 좋아하는 사람은 많지 않은 듯하다. 사람들은 글쓰기를 어려운 과제로 여기고 있고 가능하면 회피하려 한다. 이러한 현상은 학교교육에서 글쓰기가 이론과 결과를 중심으로 실시된 탓이 크다. 글쓰기에 관한 지식은 중요하지만 이를 실천할 기회가 많이 주어지지 못했고, 이 때문에 글쓰기 결과물에 대한 평가는 좋을 수 없었을 것이며, 이러한 결과가 글쓰기에 흥미를 잃게 하는 악순환으로 이어졌다.

특히 글쓰기 이론이 대부분 추상적이어서 구체적인 적용이 쉽지 않고, 입시 위주의 교육은 알맞은 피드백을 제공해 주지 못한다. 그 결과 인간의 삶을 풍부하게 해 주어야 할 글쓰기가 제 역할을 하지 못하고 오히려 불필요하고 부담스러운 것이 되었다.

이러한 문제점을 해결하기 위해서 글쓰기에 관한 구체적인 전략이 필요하다. 이 책에서 다루는 각 장은 세부적인 전략을 실천하도록 유도하고 있다. 글쓰기 전략은 글을 쓸 때 어려운 부분을 인식하고 그것을 극복할 수 있는 방법을 모색하여 자기 주도적인 글쓰기 역량을 강화하는 수단이 된다. 즉, 글쓰기 이전, 글 쓰는 과정, 글을 쓴 이후에 도움을 주어 글쓰기 역량 향상에 기여할 수 있는 모든 방법이 글쓰기 전략이다.

글쓰기 전략은 글쓰기 유형과 방향에 따라 다양하게 개발할 수 있다. 대체적으로 글쓰기 전략은 두 가지로 나눈다. 글쓰기 과정에 관한 전략과 글쓰기 기본 단위에 관한 전략이 그것이다(오경균, 2009). 먼저 글쓰기 과정에 관한 전략은 발상에 관한 전략, 자료 수집 및 구상하기에 관한 전략, 집필 전략으로 구분할 수 있고 글쓰기 기본 단위에 관한 전략은 어휘 전략, 문장 쓰기 전략, 문단 쓰기 전략으로 구분할 수 있다(김재수 외, 2001; 오경균, 2009).

〈표 1-1〉 글쓰기 과정에 관한 전략

과정	전략	구체적 예
발상하기	주제 선정	주제 선정하기, 주제문 작성하기
	아이디어 작성	문제에 대한 심층 분석, 비교/대조하기, 비판하기, 예화/속담/격언 이용하기
자료 수집/구상하기	자료 모으기	자료 수집의 구체적 방법, 자료 수집의 기준
	자료 분류/정리하기	자료 분류 기준, 자료 분류 시 주의할 점, 정리요령
	개요 작성하기	예비적 개요에서 구체적 개요로 나아가기
집필하기	초고 작성하기	가벼운 마음으로 쓰기, 서두 문장 쓰기, 앞 문장 읽으며 쓰기
	수정 및 퇴고하기	부가, 삭제, 재구성, 구성 요소(문단, 문장, 어휘) 검토

무릇 책을 읽을 때는 반드시 책상을 잘 정돈하고, 마음가짐을 깨끗하고 단정하게 하고, 책을 가져다가 가지런히 놓고는 몸은 바른 자세로 책을 대하고, 자세하게 글자를 보며, 자세하고 분명하게 읽을 것이다. - 주자

〈표 1-2〉 글쓰기 기본 단위에 관한 전략

과정	전략	구체적 예
어휘	어휘 수집 전략	감각별 어휘 수집, 관계어 수집, 유의어
	어휘 속성 찾기 전략	어휘 속성 찾기, 어휘를 문장으로 설명하기
문장	바른 문장 쓰기 전략	정확한 어휘와 표현 사용, 어휘 중복 피하기, 수식어 위치
	수사 표현 문장 전략	비유하기, 강조하기, 과장하기
문단	일반 문단 쓰기 전략	소주제문 작성, 뒷받침문장 작성, 문단 전개 방법
	특수 문단 쓰기 전략	서론 쓰기, 결론 쓰기

이러한 여러 전략은 고정된 것이 아니다. 글쓰기 목적을 위해 기존의 전략을 변화시킬 수 있고 새로운 글쓰기 전략을 적용할 수도 있다. 즉, 글쓰기의 효율성을 높이기 위하여 글쓰기 전략을 적용하는 원리는 융통성, 변용성, 유연성 등으로 구분할 수 있다(임성규, 정미희, 2004).

첫째, 글쓰기 전략은 고정된 것이 아니라 융통성을 바탕으로 적용해야 한다. 글쓰기 과정에는 일반적인 순서와 흐름이 있지만 이 과정을 항상 지키거나 따라야만 하는 것은 아니다. 특정한 과정이 숙달되었거나 다른 과정에서 포함할 수 있다면 그 과정은 생략할 수 있다. 정해진 절차에 따라 기계적인 적용은 피해야 한다. 소개된 예시 기법도 상황에 따라 적용할 수 있는 방법을 바탕으로 실천해야 한다.

둘째, 한 전략은 독립적으로 적용할 수 있지만 다른 전략과 병행하여 적용할 수도 있다. 단일 형태의 전략을 자신의 글에 적용하기 위해 고심한다면 글쓰기 과정의 피로도가 크게 증가할 것이다. 예를 들어 병렬식의 내용 나열을 하면서 비슷한 점을 바탕으로 진술하였는데, 특정 내용의 진술에 막힘이 있다면 과감하게 차이점을 바탕으로 진술할 수 있다.

셋째, 글쓰기 유형에 따라 다양한 전략이 적용되고 있는데, 이러한 방법이 한 유형에 제한된 것으로 여겨서는 안 된다. 논술문 형태의 글을 쓰면서 경우에 따라서는 개인적 서사문의 전략을 적용할 수 있는 유연성을 가져야 한다. 이런 과정을 통해 자신만의 글쓰기 형태의 개발도 가능해지고, 개성 있는 글이 완성된다.

3. 글쓰기에 어려움을 겪는 학생의 특성

글쓰기는 높은 수준의 의사소통으로서 읽기, 듣기, 구어적 표현, 문법 능력 등을 충분하게 갖추어야 효과적으로 실행할 수 있다. 글쓰기에 어려움을 갖고 있는 학생은 또래 학생보다 어휘 수준이 낮고, 다양하게 어휘를 구사하지 못하며, 덜 복잡한 문장 구조를 사용한다. 또한 단락을 조직화하여 쓰지 못하고, 글쓰기를 계획하고 수정하는 능력이 부족하며, 이야기를 산출하거나 주제의 선정, 문법, 내용의 전개에도 어려움을 가지고 있다. 일반적으로 글의 주제를 명확하게 드러내지 못하고, 일관성 있는 전개를 못해서 주요 인물, 배경, 논거 등 중요한 요소를 누락한다. 이러한 사람들은 복잡한 인지적 과정을 다루는 데 한정된 전략을 가지고 있어서 목표 설정하기, 원문 교정하기 등에 어려움을 겪고, 글쓰기의 목적에 대한 근본적인 인식이 부족하다.

다른 사람에 비해 글이 짧고, 일관성이 부족하거나 이야기를 쓸 때 계획을 세우지 않는 점, 끝맺음 없이 이야기를 갑자기 끝내는 경우 등이 드러날 경우에는 글쓰기에 적극적인 개선이 필요하다고 진단할 수 있다.

글쓰기를 잘하는 학생과 그렇지 못한 학생은 부분적인 부족함이 있다기보다는 주제 생성, 계획 구상, 집필, 퇴고 등 글쓰기 전 과정에서 차이점을 보인다. 그리고 정보 활용 면에서 음운론적 정보 및 시각적 정보 활용에 차이를 보인다. 글을 잘 쓰는 학생의 경우 구문 측면에서 구와 절 등을 사용한 문장이 많지만, 글쓰기에 어려움이 있는 학생은 단순한 주어, 동사나 주어, 동사, 목적어의 기본 문장으로 글을 쓴다. 이러한 문제는 학습뿐만 아니라 학생의 자신감과 자기 정체감에도 영향을 주어 학습된 무기력감을 형성한다(최경수, 2012).

자신의 글쓰기를 객관적으로 판단해 볼 필요가 있다. 앞서 열거된 특징 중에서 자신에게 해당되는 내용이 얼마나 있는지 스스로 검토해 보고 적극적인 개선의 노력을 해 나가야 할 것이다.

다음의 글쓰기 자가 진단표를 통해 자신이 글을 어느 정도 쓰는 사람인지 확인할 수 있다(장미영, 2010). 결과에 따라 스스로 어느 영역에서 구체적인 노력을 해야 하는지 알 수 있다. 솔직하고 정확하게 검사를 해야 자신의 문제점을 알고 발전시킬 수 있을 것이다. 완전하게 알고 있거나 실천하고 있다면 ☑로 표시하고 그렇지 않다면 ☒로 표시해 보자.

〈표 1-3〉 글쓰기 자가 진단표

글쓰기 준비	1	글을 쓸 때 목적과 의도를 분명히 안다.	□
	2	내가 쓰는 글의 독자가 누구인지 미리 생각한다.	□
	3	글의 내용과 관련된 자료를 충분히 수집한다.	□
	4	다양한 아이디어를 메모해 놓는다.	□
	5	내 경험을 글과 연관하려고 노력한다.	□
	6	주변 사람들과 글에 대해 이야기한다.	□
	7	글을 쓰기 위한 준비를 하는 데 많은 시간을 투자한다.	□
	8	수집한 자료와 메모를 검토하고 분류한다.	□
글쓰기	9	글을 쓰기 전에 전체적인 개요를 작성한다.	□
	10	전체적인 흐름에 따라 줄거리를 작성해 본다.	□
	11	글을 쓰는 데 집중하고 천천히 마무리한다.	□

퇴고	12	초고를 완성한 후에 고쳐 쓰기를 한다.	□
	13	전체적으로 문단이 유기적인 관계를 맺는지 확인한다.	□
	14	천천히 읽으면서 세부적으로 수정한다.	□
	15	문장의 이어짐이 자연스러운지 확인한다.	□
	16	맞춤법, 어휘, 문장, 단락의 관계와 통일성을 검토한다.	□
	17	제목이 적절한지 다시 확인한다.	□
	18	글자 크기, 모양, 여백 등 편집에도 신경을 쓴다.	□
	19	다른 사람에게 내 글을 읽어 보도록 한다.	□
	20	다른 사람의 조언을 수용하고 다시 검토한다.	□

출처: 장미영(2010).

이상의 질문에서 15개 이상 ☑ 표시를 했다면, 이미 글쓰기 준비가 충분한 상태로 볼 수 있다. 지금의 태도를 유지하면서 계속 연습한다면 큰 발전을 할 수 있다.

10개 이상에서 15개 미만으로 ☑ 표시를 했다면, 글쓰기가 익숙한 상태로 볼 수 있다. 다만, 글쓰기를 보다 효과적으로 할 수 있는 방법들을 확인하고 자신의 글쓰기에 적용하기 위한 노력을 해야 한다.

5개 이상에서 10개 미만으로 ☑ 표시를 했다면, 글쓰기를 위한 기초를 다시 갖추어야 한다. 글을 쓰고 싶은 마음을 가지고 있으나 그것을 어떻게 해야 하는지 아직 잘 모르는 상태다.

5개 미만으로 ☑ 표시를 했다면, 글쓰기에 어려움을 많이 느끼는 상태다. 어쩌면 글쓰기에 장애가 있을지도 모른다. 어떤 주제를 설정하고 집필하는 연습보다는 자신의 생각이나 느낌을 간단한 메모로 작성해 보는 연습부터 시작해서 글을 쓰는 것에 대한 두려움을 없앨 필요가 있다.

4. 글쓰기의 발달 단계

글쓰기 능력의 발달이란 미숙한 필자가 성숙한 필자로 성장하는 과정을 말한다. 어휘 수, 문장 수, 문장 길이의 점진적인 향상으로 글쓰기 능력은 위계적이며 발달적인 단계를 가지고 있다. 구체적으로 단순 연상적 쓰기 기능, 언어 수행적 쓰기 기능, 의사소통적 쓰기 기능, 통합적 쓰기 기능, 인식적 쓰기 기능으로 구분할 수 있다(최경수, 2012).

단순 연상적 글쓰기 단순 연상적 쓰기 기능은 글쓴이가 자신의 머릿속에 떠오르는 생각을 그대로 문자로 옮겨 놓는 글쓰기 기능이다. 이런 글쓰기는 개념 중심적 정보처리보다는 자료 중심적 처리에 의존한다. 미숙한 필자들은 대개 이 수준에 머물러 있는데, 이러한 사람들이 가장 어려워하는 것은 쓸거리를 찾는 일이다. 따라서 이러한 사람들에게 가장 필요한 것은 쓸거리를 찾아내는 전략을 가르치는 일이다. 쓰는 방법을 익힘으로써 글쓰기 능력을 향상시키려 하지 말고, 글쓰기에 대한 흥미를 갖도록 노력해야 한다.

언어 수행적 글쓰기 언어 수행적 쓰기 기능은 단순 연상적 쓰기 기능을 가진 필자들이 국어의 어법, 문체, 규칙, 관습에 익숙해짐으로써 도달하는 수준의 기능이다. 따라서 쉽게 도달할 수 있는 수준이 아니어서 국어에 관한 지식이 있다고 해도 글을 잘 쓸 수는 없다. 언어 수행적 쓰기 기능을 갖추기 위해서는 특정 단어의 철자, 표현의 사용, 회피 등 표현 행위와 관련된 다양한 기능을 쓰기 과정에서 통합하여 자동적으로 수행할 수 있도록 많은 연습이 필요하다.

의사소통적 글쓰기 의사소통적 글쓰기 기능은 독자를 고려하여 글을 쓸 수 있는 기능이다. 언어 수행적 쓰기 기능을 가진 필자가 사회적 인지 기능, 즉 예상되는 독자에 대하여 의도적으로 기술할 수 있는 기능을 통합적으로 갖추었다면, 의사소통적 글쓰기 기능을 갖추었다고 볼 수 있다. 의사소통적 글쓰기는 상대방에게 의사를 효과적으로 전달하기 위한 쓰기이므로 정보를 전달하는 글쓰기와 유사하다.

통합적 글쓰기 통합적 글쓰기 기능은 필자가 글쓰기의 과정에서 예상되는 독자의 입장을 고려함과 동시에 필자 자신이 독자가 되어 그 입장을 반영할 수 있는 기능이다. 글을 쓰는 사람이 이 수준에 도달하면 비로소 자기의 글쓰기 기능과 스스로 생산한 텍스트에 대해 비판적 평가를 내릴 수 있고, 그것을 바탕으로 더 좋은 글을 쓸 수 있게 된다.

인식적 글쓰기 인식적 글쓰기는 그 성격상 정보의 저장, 인출, 처리 계획 및 조정, 재고 및 교정 등의 복잡한 사고과정을 필수적으로 요구한다. 따라서 높은 수준의 글쓰기 능력을 가진 사람은 글쓰기를 통하여 더욱 확산적이거나 수렴적인 사고를 할 수 있게 된다. 이 단계에서의 글쓰기는 단순한 사고에 그치지 않고, 고등 정신작용을 통한 창조적 사고의 생산이 가능해진다.

실천 활동

1 자신이 현재 가지고 있는 글쓰기의 어려움이 구체적으로 무엇인지 적어 보시오.

2 글쓰기 발달 단계를 고려할 때, 자신에게 필요한 활동은 무엇일지 고민해보고 이를 적용할 방법을 구체적으로 계획해 보시오.

5. 글쓰기 윤리

윤리는 사람이 다른 사람과 함께 살면서 지켜야 할 도리(道理)로 정의된다. 글쓰기에서의 윤리는 '필자가 담화 공동체 내에서 소통할 때에 다양한 대상에 대해 지켜야 할 도리'로 정의할 수 있다. 사회 구성원인 필자는 글쓰기 윤리를 학습하고 글을 쓸 때 이를 준수해야 한다. 그렇다고 해서 구성원들이 글쓰기 윤리를 일방적으로 수용하기만 하는 것은 아니다. 윤리의 내용은 공동체에 의해 결정된다(강민경, 2013).

1) 글쓰기 주체로서의 정체성 형성

윤리적 글쓰기는 필자의 윤리적 행위다. 윤리적 글쓰기가 수행되기 위해서는 행위 주체의 윤리적 정체성이 중요한 역할을 수행한다. 학생들은 '학습자'와 '필자'라는 이중적인 정체성을 지니고 있다. 이 둘 가운데 '학습자'로서의 정체성은 빈번하게 인식되지만, '필자'로서의 정체성은 쉽게 인식되지 않는다. 학생들이 필자로서의 정체성을 형성하기 어려운 다른 원인은 현행 글쓰기 교육의 내용이 주로 텍스트를 완성하는 데 필요한 지식 및 기능을 중심으로 이루어져 있고, 필자와 관련한 태도는 비중 있게 다루고 있지 않기 때문이다.

필자로서의 정체성을 형성하기 위해서는 먼저 다음과 같은 질문을 해 보아야 한다.

'나는 어떠한 필자인가?'
'나는 어떠한 필자가 되고 싶은가?'
'이 글을 쓰는 필자는 어떤 역할을 수행해야 하는가?'
'이 글을 읽을 독자들은 필자가 어떤 특성을 지니고 있으며, 어떠한 역할을 수행할 것으로 기대하는가?'

이상과 같은 질문을 통해 필자로서의 정체성 인식을 강화해야 한다.

필자로서의 윤리적 정체성은 독자가 인식할 수 있도록 텍스트에 구체적으로 반영되어야 한다. 필자로서의 윤리적 정체성은 이바니치(Ivanic, 1998)의 분류를 활용할 수 있다. 자서전적 자아, 담화적 자아, 저자로서의 자아, 사회적 자아 등의 유형이 있다.

자서전적 자아는 쓰기 행위를 하고 있는 필자 자신의 정체성을 의미하며, 담화적 자아는 필자가 텍스트를 쓰는 과정에서 구성하는 자아, 즉 글을 통해 전달되는 인상에 해당한다. 저자로서의 자아는 자서전적 자아의 일부가 될 수 있다. 사회적 자아는 사회문화적 맥락에 따라 적용할 수 있는 추상적이며 원형적인 자아다. 네 가지 유형의 자아는 필자의 개인적 경험, 텍스트의 장르, 쓰기 상황의 사회문화적 맥락에 따라 그 비중이 다르게 나타난다.

쓰기 윤리의 실천이 윤리성을 갖춘 글을 통해 독자와 소통하는 것이라면, 필자는 특히 텍스트에 담화적 자아의 윤리성을 적절하게 구현해야 한다. 필자가 윤리적인 측면에서 고려했다 하더라도 그 결과가 텍스트에 구체적으로 드러나지 않으면 글쓰기 윤리를 준수했다고 보기 어렵다. 또한 담화적 자아가 텍스트를 통해 독자에게 전달되는 모습이라고 해서, 필자 자신의 실제적인 모습을 숨기고 이러한 자아로 위장한다는 의미로 해석되어서는 안 된다. 필자의 의도나 목적이 윤리적이지 않을 경우에는 윤리적 글쓰기 자체가 성립되지 않기 때문이다.

먼저 필자는 쓰기 상황에 관련되는 독자나 저자에 대해 존중하는 태도를 지녀야 한다. 이들 또한 필자 자신과 마찬가지로 각자의 정체성을 지닌 인격체이며, 필자의 텍스트가 원활하게 소통되기 위해서는 각 단계별로 독자나 저자의 기여가 필수적이기 때문이다. 필자는 글을 쓰기 전에 독자가 누구인지, 어떤 특성을 지닌 사람인지, 주제와 관련하여 독자에 대해 특히 유의해야 할 점은 무엇인지를 확인하고, 텍스트를 쓰는 과정에서 독자의 입장으로 자신의 글에 대한 비판적인 평가를 해 보아야 한다(강민경, 2013).

2) 텍스트의 윤리성

필자는 윤리적으로 판단하고, 선택 가능한 대안 중에서 윤리적으로 합당한 것을 선택하여 텍스트에 반영한다. 그리고 완성된 텍스트를 매개로 독자와 소통한다. 텍스트의 윤리성에 대해 논의하기 위해서는 무엇보다 다음의 기준 설정이 중요하다.

첫째, 자료 수집 과정에서 필자는 독자의 역할을 동시에 하는 '필자/독자'이며, 자료 수집 과정의 윤리성을 지켜야 한다. '필자/독자'는 자료 수집 과정에서 사회적으로 축적된 공동체의 지적 자산을 활용하게 되며, 이 과정에서 지적 재산권 등 지식의 활용과 관련된 담화 공동체의 규범에 따라야 한다.

둘째, 수집한 자료를 매개로 '필자 – (자료) – 자료의 저자'의 관계가 형성된다. 저자와의 관계에서는 타인에 대한 존중, 객관성, 공정성 등의 윤리적 요소가 관여한다. 자료의 저자 역시 필자 자신과 동등한 인격체이므로, 저자의 의견을 존중하며 편견 없이 공정한 태도로 자료를 읽어야 한다. 따라서 자신의 글에 자료를 통합할 때에는 저자의 노력에 대한 보상과 존중의 의미로 출처를 밝혀야 한다.

셋째, 자료에 대한 평가 과정에서는 자료의 윤리성이 중요한 기준으로 작용하며, 내용의 진리성, 표현 방식의 정당성, 저자의 진정성 등을 평가해야 한다.

넷째, 문헌 조사 이외에 인터뷰, 설문 조사, 실험 연구 등의 연구 방법을 사용할 때에는 '필자 – (연구 방법 관련 매체) – 정보 제공자의 관계'가 성립한다. 이때에는 담화 공동체의 연구 윤리에 대한 규범 등을 적용해야 한다. 일반적인 연구 윤리에서 규정한 연구 참여자나 정보 제공자와 관련된 윤리, 예를 들면 연구 참여자에게 연구의 취지와 내용을 미리 고지하거나 중도에 그만둘 수 있는 권리에 대한 고지 등의 규정, 연구 주제가 부정적인 현상에 해당할 때에는 정보 제공자를 익명으로 처리한다거나, 특별한 경우를 제외하고는 실명을 밝히지 않는다는 규정을 적용한다.

그 밖에 윤리적인 글쓰기를 위해서는 표면적으로 표현된 것과 내포된 것을 함께 생각해 보아야 한다. 텍스트의 윤리성은 필자의 윤리성이 텍스트에 구체적인 언어 형식이나 기호 등을 통해 표현되었는지 여부에 따라 암묵적 윤리성과 구현된 윤리성으로 분류할 수 있다. 암묵적 윤리성은 독자가 필자나 쓰기 상황에 대해 알고 있을 때 또는 텍스트의 다른 요소를 토대로 추론할 수 있을 때 확인할 수 있다. 구현된 윤리성은 언어 형식이나 기호를 통해 표현된 경우로, 구현 양상은 크게 글의 구조, 내용, 표현으로 나뉜다(강민경, 2013).

실천 활동

■ 자신의 글쓰기 경험을 생각해 보면서 다음의 체크리스트를 작성해 보시오.

1	나는 좋은 성적이나 상을 받기 위해 다른 사람의 글을 베껴 쓴 적이 있다.	예 □, 아니요 □
2	나는 경험하지 않은 일을 경험한 것처럼 글을 쓴 적이 있다.	예 □, 아니요 □
3	나는 책이나 인터넷 등에서 남의 글(생각)을 베낀 적이 있다.	예 □, 아니요 □
4	나는 예전에 썼던 글을 고쳐서 새 글처럼 제출한 적이 있다.	예 □, 아니요 □
5	나는 나의 실제 생각과는 다른 내용의 글을 쓴 적이 있다.	예 □, 아니요 □
6	나는 이름이 드러나지 않는 점을 이용해 다른 사람에게 상처가 되는 글을 쓴 적이 있다.	예 □, 아니요 □
7	나는 글 전체를 여러 사람의 글로 짜깁기하여 내 글처럼 제출한 적이 있다.	예 □, 아니요 □

출처: 박영민, 최숙기(2008)를 수정함.

앞의 체크리스트는 윤리성 정도를 나타내지 않는다. 왜냐하면 글쓰기에서는 체크리스트 내용 중 어느 하나도 인정할 수 없기 때문에다. 따라서 그동안 자신이 글쓰기에서 간과하거나 실수한 부분에 대한 인식을 강화하는 차원에서 활용할 수 있다. 그리고 자신이 앞으로 작성할 글에 대해서 확인하고 점검하는 형태로 활용할 수 있을 것이다.

글쓰기 상식 코너

글쓰기 오류 바로잡기!
– 관형사 '웬' –

그 사람이 여기 웬일이지/왠일이지?
오늘은 웬지/왠지 비가 올 것 같다.

글의 제목을 붙이는 방법(한국교원대학교, 1995)

1. 주제를 나타내는 것
2. 화제(토픽)를 나타내는 것
3. 중심인물을 가리키는 것
4. 본문 중의 중요한 사항을 나타내는 것
5. 중요한 장면을 나타내는 것
6. 인상적인 것을 나타내는 것
7. 상징이 되는 것
8. 추상 개념을 가리키는 것
9. 본문을 요약한 것
10. 분위기를 나타내는 것

제2장

글쓰기에 접근

1. 글쓰기 준비

자신의 경험이나 느낌 등을 생각나는 대로 쓰거나, 어떠한 사실을 그대로 기록하는 정도라면 종이와 펜만 있으면 언제든지 문장을 쓸 수가 있을 것이다. 그러나 특정한 목적을 위한 '글'을 쓴다는 것은 많은 준비가 필요하다. 그렇지 않으면 그 목적을 달성하기 어렵다(이희승 외, 1987).

1) 글쓰기의 필요성

글을 쓴다는 것은 예를 들면, 자신이 느낀 것을 다른 사람들도 동일하게 느끼게 하고 싶다는 욕구나, 자신의 생각이나 요구 등을 다른 사람에게 전달하고 싶은 욕구, 자신의 생각을 다른 사람이 동의해 주기를 바라는 설득 욕구에 의한 것이다. 이러한 욕구가 내재되어 있지 않으면 글을 쓰는 필요성을 느끼지 못할 것이다.

글을 쓰는 준비의 첫 단계는 어떤 것을 표현, 발표, 제시해야겠다는 욕구를 강하게 가지는 것이다. 글을 써야겠다는 필요성이 강할수록 글쓰기 활동에 적극적이 된다. 이러한 적극성이 전제될 때 좀 더 좋은 글을 쓸 수 있다.

글쓰기의 필요성은 스스로에 의해서 생기기도 하지만 외부에서 주어지는 경우도 많다. 다양한 과제, 요청에 응답, 보고, 자격 취득 등을 위해서는 특정한 형태의 글을 써야 한다. 외부로부터의 주어진 필요성에 의해 글을 쓴다고 할지라도, 좋은 글을 쓰기 위해서는 스스로의 필요성을 갖추는 것이 필요하다. 그러기 위해서는 이 글을 통해 무엇을 전달하고 싶은지, 무엇을 느끼게 할 것인지, 무엇을 인정받고 싶은지를 지속적으로 생각해 보는 것이 좋다. 이러한 사고과정을 통해 글을 쓰는 당위성이 형성되고 스스로의 필요성을 갖출 수 있다.

이러한 과정이 원활하게 되려면 평소에 자신의 신변에 관한 일이나 관심사, 사회현상 등에 대해 나름대로 생각해 보고, 어떤 의견을 제시할 수 있을까 고민해 보는 습관이 필요하다. 나름대로의 의견이나 느낌이 형성되면, 그것을 다른 사람에게 전달하고자 하는 필요가 생긴다.

평상시에 꾸준히 생각하고 느낌을 정리하는 습관을 갖는다는 것은 매우 부지런한 자세를 요구한다. 좋을 글을 쓴다는 것은 부지런한 사고활동이 전제되어야 한다. 누군가가 정리한 내용이나 전문가의 의견을 빌려서 글을 쓰는 사람은 스스로의 필요성을 갖추지 못했기 때문에 곧 한계에 부딪힌다.

2) 내용의 충실성

글을 쓸 필요성을 충분히 갖추었음에도 글쓰기가 어려운 경우가 있다. 이러한 상태를 자세히 분석해 보면, 그 필요성에 대한 내용이 부실한 경우와 내용이 있더라도 그것을 체계적으로 정리하지 못하는 경우가 많다.

글을 쓰기 위해서는 글의 필요성에 따른 충분한 내용을 갖추어야 한다. 내용의 충실성이 갖추어지지 않으면 소위 읽을거리가 없는 글이 된다.

글의 내용을 충실히 하기 위해서는 먼저 자료 수집 활동을 충분히 해야 한다. 신문기사, 연감, 백서, 관련 주제에 관한 평론 및 강연, 논문 등을 통해서 방대한 자료를 모을 수 있을 것이다. 주의할 점은 자료의 특성에 따라서 일정한 방향으로 치우친 자료를 획득할 수 있기 때문에 같은 유형의 다른 관점을 가진 자료를 살펴보려는 노력이 필요하다. 모든 자료를 살펴보려는 자세는 좋지만 실제로는 불가능하다. 따라서 자료의 유형화를 통해서 영역별, 부문별 자료를 수집하는 지혜가 필요하다.

다음으로 자신의 관심사나 글쓰기의 필요성이 있는 내용에 대한 자료 수집과 더불어 그 주제에 대해 꾸준히 생각하고 의견을 갖는 노력이 필요하다. 다른 자료에 나타난 결론에서 벗어나 자신만의 의견을 제시해 보는 것이 중요한데, 미리 결론을 정하지 말고 자신이 확보한 자료를 토대로 생각을 정리하는 것이 좋다. 이런 과정을 통해 자신만의 내용을 갖출 수 있다.

글의 내용은 단기간에 충실해질 수 없다. 꾸준한 사고활동과 자료 수집을 통해서 풍부한 내용을 완성할 수 있다. 참신한 아이디어나 느낌도 결국 내용이 충실하지 않으면 빛을 잃게 된다. 글을 쓰기 위한 기초 활동으로서 자료의 중요성을 인지해야 할 것이다.

3) 글쓰기 활동의 습관화

글을 쓸 필요성이 있고 자료를 충분히 갖추었다 하더라도 이것이 곧 글쓰기 행동으로 이어지는 것은 아니다. 즉, 의욕이 있다고 글쓰기가 바로 실천되지는 않는다. 글쓰기가 익숙한 사람에게는 특별히 환경을 바꾸거나 조건을 갖추는 것이 불필요할 수 있으나, 그렇지 않은 사람은 글을 쓰는 시간, 장소, 기분 상태 등을 고려해야 한다.

글쓰기가 익숙하지 않거나 처음으로 시도할 때에는 가능한 한 익숙한 환경에서 시작하는 것이 필요하다. 새로운 장소나 시간 등을 활용하게 되면 주의가 분산되어 글쓰기에 방해가 될 수 있다. 따라서 자신이 가장 친숙한 장소에서 사고활동이 원활하고 의식이 또렷한 시간에 글쓰기를 시도해야 한다.

그리고 글쓰기를 지속적으로 하지 못하고 중간에 중단하는 것을 반복하는 경우가 많다. 이 과정에서 흥미를 잃거나 귀찮은 일이 되어 버릴 수 있고 글쓰기의 완성도가 떨어질 수 있다.

이를 극복하기 위해서는 쓰기에 대한 경험을 계속해 보는 것이 가장 좋은 지름길이다. 잘 짜인 문장이나 훌륭한 글을 쓰려고 하지 말고, 메모장, 다이어리 등을 활용하여 떠오른 생각이나 일과 등을 계속 적어 보는 것이 중요하다. 글을 쓰는 것에 대한 부담을 없애고, 생각을 글로 옮기는 습관을 형성하는 것이 필요하다. 이를 통해 여러분은 자신의 필요에 따라 언제든 글을 쓸 수 있는 사람이 될 수 있다.

2. 글쓰기 전개

그러면 좀 더 구체적으로 어떻게 글을 전개하여 나가야 하는지에 대해 살펴보자(이희승 외, 1987).

1) 중심생각

글을 쓰기 위해서는 자연스럽게 무엇을 쓸 것인가를 계속 생각해야 한다. 주장 제시, 동의 요청, 생각이나 느낌 제시, 응답, 기록 등의 것들이 계속 글을 이어 가게 만든다. 이와 같이 글을 전개하게 만드는 것을 주제, 혹은 중심

Out of the frying fan into the fire. 프라이팬에서 뛰쳐나와 불 속으로 빠진다. – 외국 속담

생각이라고 한다.

중심이 되는 생각이 분명하면 글 전체가 통일성을 갖출 수 있다. 중심이 되는 생각이 분명하지 않거나, 또 주제와 관련 없는 내용이 포함되면 혼잡하고 무엇을 말하는지 파악하기 어려운 글이 된다.

글의 중심생각을 분명히 정한 다음에는 그것을 어떻게 전달하고 표현할지 결정해야 한다. 똑같은 중심생각을 담고 있는 글이라 할지라도 그것이 표현되는 방법에 따라 전혀 다른 글이 된다. 예를 들어, 내용을 알리기만 할 것인지, 설득하고 동의를 구할 것인지, 호감을 얻는 것이 목적인지, 감동을 느끼게 하는 것이 목적인지에 따라서 문장의 표현은 아주 달라진다.

이처럼 중심생각과 중심 표현을 분명히 해 두어야 글 전체의 통일성을 갖출 수 있다. 이를 위해서는 앞선 단계에서 제시한 것처럼 관련 자료를 충분히 확보하고 이에 대해 깊이 생각해 보는 연습이 필요하다.

2) 글의 구조

중심생각과 중심 표현을 분명히 하고 글을 쓰기 위한 자료가 충분히 확보되면 본격적으로 글쓰기를 시작할 수 있다. 그러나 이러한 것들이 갖추어져 있다고 해서 글이 바로 써지지는 않는다. 글을 쓸 수는 있어도 훌륭한 쓰기를 하기는 대단히 어렵고 생각이 정해지자마자 막힘없이 단숨에 써 내려갈 수 있는 사람은 드물다. 글을 많이 써 본 사람이나 글쓰기에 자신이 있는 사람이라고 할지라도 어떠한 순서로, 어떤 내용을 어디에 위치시키면서 내용을 전개할 것인가를 충분히 고민해야만 한다.

글을 전개하는 데 어떤 구조로 할 것인지를 정하는 것을 구상이라고 한다. 글의 구조를 명확히 하기 위해서 할 수 있는 것은 줄거리를 작성해 보는 것이다. 다소 귀찮게 여겨질 수도 있지만, 글쓰기가 익숙지 않은 사람이나 글의 내용을 탄탄하게 구성해서 좋은 글을 쓰고 싶은 사람이라면 반드시 줄거리를 만들어 봄으로써 글의 구조를 갖추어야 한다. 글의 구조가 만들어지면 글은 거의 완성되었다고 보아도 무방하다.

중심생각과 중심 표현이 정해지고 이에 따른 자료가 정리되었다면, 이를 바탕으로 글의 구조를 완성할 수 있다. 완성된 구조에 따라 실제 내용을 삽입하고 세부적인 표현을 정리하면서 살을 붙여 나가는 것을 통해 본격적인 글쓰기 활동이 시작된다. 이와 같이 구조 형태의 글을 단락으로 형성해 나가는 것을 단락의 전개라고 한다.

3) 퇴고하기

사고를 바탕으로 글이 전개되어 나가지만, 사고는 문장처럼 하나씩 전개되어 있는 것이 아니라 압축되어 있기 때문에 문장을 쓰다 보면 사고의 형태에 따라 글이 압축되어 표현되거나 급하게 마무리되는 경우가 많다. 따라서 글을 쓴 다음에는 반드시 다시 살펴보고 그 논리성이나 표현의 적합성, 구조 등을 재검토해야 한다. 이를 퇴고라고 한다.

글의 퇴고는 글을 쓴 직후에 하지 않는 것이 좋다. 글을 쓰는 사고의 과정에 아직 머물러 있어서 내용이나 표현의 적합성이 타당하게 여겨질 수 있기 때문이다. 또 글쓰기 활동의 완성에 대한 안도감에 세심하게 문장을 살피지 않는 실수를 범하기도 한다. 즉, 필자로서 글을 보아서는 퇴고를 할 수 없고 독자로서 읽을 수 있을 때 퇴고가 가능해진다.

하루 이틀 정도의 여유를 가지고 다시 글을 검토하는 여유가 필요하다. 급하게 글을 정리해야 한다면 적어도 2~3시간의 여유를 가지고 다시 읽어보기를 권한다. 이와 더불어 주위 사람들에게 읽어 보도록 하는 것도 좋은 방법이다. 자신의 논리나 표현에 빠져 타인이 이해하기 어렵게 전개될 수도 있기 때문이다.

퇴고의 기준을 정하는 것도 좋은 방법이다. 필요한 자료의 충분성, 중심

忠言逆耳(충언역이): 충고하는 말은 귀에 거슬림.

생각의 명확성, 분량의 적정성 등 나름의 퇴고 기준을 정함으로써 보다 완성도 높은 글을 쓸 수 있다.

3. 글쓰기 영역

글을 쓰는 것은 어떤 목적에 따른 것이다. 간단한 메모에서부터 형식적인 글쓰기까지 글을 쓰는 목적은 매우 다양하게 제시할 수 있지만, 글이 언어적 상호작용의 하나라는 점에서 크게 세 가지 영역으로 구분해 볼 수 있을 것이다. 알리는 목적의 글, 설득하는 목적의 글, 정서적 목적의 글이 그것이다. 실제 글을 쓰다 보면 이러한 영역의 구분 없이 혼합되어 기술되기도 한다. 그러나 글의 최종 목적을 바탕으로 중심을 잡지 않으면 의도가 명확하지 않은 글이 된다(이희승 외, 1987).

1) 알리는 글

어떠한 내용을 알리는 것을 목적으로 하는 글은 설명하는 글로 통합할 수 있다. 정보나 지식 따위를 글을 읽는 사람에게 전달하는 것이 목적이기 때문에 독자에게 인지적 이해를 요구한다. 설명하는 글은 아직 획득하지 못한 정보나 부족한 정보를 독자에게 분명히 알리는 것이 목적이다. 따라서 설명하는 글은 이 목적에 합당한 조건을 갖추어야 한다.

설명하는 글이라고 해서 딱딱한 형태의 재미없는 글이라고 볼 수는 없다. 글은 글쓴이의 재치와 교양, 대인관계 능력 등이 망라되어 반영되기 때문에 설명의 형태도 다양하게 전개될 수 있다.

2) 설득의 글

설득하는 목적의 글은 글쓴이의 입장을 상대에게 호소하는 것이다. 글쓴이의 가치관, 철학, 의견, 계획 등에 대해 독자가 동의하도록 하여 동일한 입장이 되도록 유도한다. 동일한 입장이라는 것은 의견의 일치를 구하는 것과 행동의 일치를 구하는 것으로 구분해 볼 수 있다. 설득의 형태에는 글쓴이의 입장을 소개하고 상대가 이를 받아들이도록 하는 형태와 상대 입장의 문제를 지적하고 자신의 입장이 우위임을 나타내는 형태가 있다. 상대 입장의 문제점을 지적하는 형태의 경우, 종종 설득의 과정에서 상대를 낮추고 공격적인 표현이 강하게 드러나기도 한다.

설득하는 글은 상대의 행동, 가치관, 감정 등에 변화를 유도하는 서술이기 때문에 사실, 논리, 정서, 일화, 명언, 속담 등 다양한 방법을 활용하여 독자의 입장을 변화시키려고 한다. 잘 쓰인 설득의 글을 보면 대개 처음부터 자신의 입장을 밝히기보다는 이러한 다양한 방법을 통해 상황을 조성하고 독자의 입장 변화를 유도한다.

설득하는 글의 경우 흔히 반대 입장이나 다른 입장을 전제하기 때문에 감정적으로 표현될 수 있는데, 이는 역효과를 내는 경우가 많다. 침착한 태도로 타당성을 제시하면서 독자를 대변하는 듯한 모습이 독자의 입장 변화에 유리하다. 설득은 일종의 독자를 유혹하는 행위로서, 자신의 입장에 반대할 만한 이유를 찾을 수 없도록 해야 한다.

3) 정서적인 글

정서적인 글은 매우 다양한데, 일종의 창작의 글로서 독자에게 특수한 감정을 느끼게 하는 글이다. 대화 글, 소설, 수필, 시, 희곡 등이 여기에 속한다. 이러한 글에서는 전달하고자 하는 정서를 구체화하지 않으면 글쓴이 혼자

남이 자신을 알아주지 못할까 걱정하지 말고 내가 남을 제대로 알지 못함을 걱정해야 한다. - 공자

만의 글이 될 수 있다. 내가 웃는다고 해서 다른 사람이 함께 웃기는 힘들다. 내가 왜 웃는지를 상대에게 충분히 전달할 수 있어야 한다.

훌륭한 정서적인 글을 쓰기 위해서는 대중의 감정을 충분히 이해할 수 있는 능력과 자신의 감정을 세밀하게 표현할 수 있는 능력이 동시에 필요하다. 자신이 가지는 특수한 감정을 대중들이 이해할 수 있도록 표현하지 못한다면 암호 같은 글이 되어 버린다.

대상을 이해하고 바라보는 시선을 다양화하고 자신의 말로 풀어내는 연습을 꾸준히 해야 한다. 순간순간 떠오르는 아이디어나 감정을 기록해 놓는 것도 좋은 방법이다. 이러한 정서적인 글은 일상의 다반사라고 할지라도 새롭게 전개될 수 있고 색다른 감동을 전달해 줄 수 있다.

4. 좋은 글을 쓰기 위한 방법

글의 가치를 결정하는 것은 어려운 문제이지만 알기 쉽게 쓴 글이 좋은 글이라는 데에는 대부분 동의한다. 알기 쉬운 글을 쓰기 위해서 몇 가지 주의해야 할 사항이 있다. 미사여구를 활용하여 수준 높은 글을 쓰려는 데서 나타나는 과도한 수사, 독자가 어떠한 특징을 가지고 있는지에 대한 이해, 사고나 자료의 치우침, 불분명하고 모순된 태도 등을 생각해 볼 수 있다.

많은 사람이 글을 쓰는 것에 부담을 가지고 있는 듯하다. 자신에게는 그런 재주가 없다는 식의 표현으로 글쓰기를 마다하고, 가능하면 최소한으로 글쓰기를 마무리 하여 귀찮은 과업에서 벗어나고자 한다.

여기에는 여러 가지 원인이 있겠지만, 현대 사회에서 언어적 활동의 궁핍이 가장 큰 원인이 될 것이다. 영상 자료의 범람, 개인적 활동의 확대, 직업의 전문화 등으로 사람들이 소통하는 범위가 줄어들고 있고 언어활동을 하더라도 듣기나 말하기 정도에 그치고 있다. 언어활동은 대체로 듣기, 말하기, 읽기, 쓰기의 순으로 정신적 활동의 어려움이 더해진다. 그 때문에 일상생활에서 가장 많은 비중을 차지하는 언어생활도 이 순서로 나타난다.

이와 더불어 예로부터 글을 쓴다는 것은 일상적인 말이 아닌 차별화된 말로써 일반 사람들이 알지 못하거나 표현하지 못하는 것을 나타내는 특수한 일로 여겨 온 경향이 있다. 즉, 아름다운 글, 훌륭한 글을 쓰는 것은 특수한 재능이 있는 사람의 일로 여긴 것이다. 이것은 부지불식간에 대중에게 많이 퍼져 있는 듯하다. 그러나 소위 '훌륭한 글'에 대한 부담감은 글쓰기에 전혀 도움이 되지 않는다. '훌륭한 글'에 집착하여 장황하고 복잡하게 써진 글보다 오해를 줄이고 쉽게 읽을 수 있는 글이 좋은 글이 된다는 사실을 기억해야 한다. 또한 독자에게 그럴듯하게 보이기 위해 고심하여 적은 과도한 수사가 오히려 읽기를 방해할 수 있다. 이에 대한 부담감에서 벗어나 간결하고 알기 쉽게 쓰기 위한 노력부터 해야 한다. 글의 목적이 의사소통이라면, 문장이 간결하여 글이 담고 있는 뜻을 쉽게 이해할 수 있어야만 한다. 이를 위해 의미를 중복하지 말아야 하고 불필요한 성분을 제거해야 한다. 간결한 단문은 의미를 명확하게 전달하는 데 매우 효과적이다.

사실 간결하고 알기 쉬운 글이라는 말 자체는 모호한 표현이다. 사람마다 이해의 정도나 입장이 다르기 때문에 객관적으로 이를 설명하기 어렵다. 또한 알기 쉬운 글을 방해하는 요소가 주제에 관한 것인지 표현에 관한 것인지 등에 따라서도 다양해진다. 이러한 요소를 유목화해 보면 다음과 같이 정리할 수 있다(이희승 외, 1987).

- 독자의 연령
- 독자의 경험 정도
- 독자의 인지적 능력
- 독자의 정서 상태

- 독자의 독서 속도(읽는 속도가 발달하지 않으면 전체 의미를 파악하기 어려움)
- 독자의 어휘력
- 독자의 언어적 지식(문장의 구조 등 언어의 형식적 지식이 필요함)
- 독자의 의욕

앞과 같은 요소가 글에 대한 이해나 인식을 좌우할 수 있다. 그 때문에 글을 쓸 때에는 독자에 대해 충분한 사전 지식을 바탕으로 해야 한다. 일반적으로 글을 쓸 때에는 그 글을 읽을 사람을 예상하기 마련이다. 글의 가치를 높이기 위해서는 독자에 대한 사전 정보를 충분히 고려해야 한다.

편지글과 같이 독자가 특정되는 상황이면 문제는 간단히 해결되지만, 일반적인 다수를 대상으로 할 때는 난감해질 수 있다. 이럴 때에는 독자의 인지적 수준, 독서 능력, 경험 정도 등을 16세 정도의 중·고등학생으로 보는 것이 알맞다. 알기 쉬운 문장으로 글을 쓴다는 것은 독자가 알기 쉬운 글이라는 점을 늘 상기해야 한다. 그리고 글의 가치를 높이기 위해서는 글을 쓰는 도중이나 글을 다 쓰고 퇴고하는 과정에서 다음과 같은 내용을 검토해 보아야 한다.

사고가 한쪽으로 치우쳐 있지는 않은지 검토해 보아야 한다. 주제에 대해 평가하고 논쟁하는 과정에서 반대되는 내용이나 주제를 균형 있게 다루지 못한다면 좋은 글이라고 할 수 없을 것이다. 또한 일반적인 내용에 대해 감정적으로 싫어하거나 비판하는 경우도 여기에 해당한다.

자료가 치우쳐 있다는 것은 다루는 내용이 한쪽으로 기울어져 있다는 것을 말한다. 주제와 관련하여 자료를 수집하고 정리하면서 확보되지 못한 내용이나 영역이 있다면 이에 대한 보완이 필요하다. 혹은 글을 작성하면서 한 영역에 심취하여 일부 내용을 소홀히 하는 것도 이에 해당한다.

글을 쓰는 입장이 정립되어 있지 않고 관련 자료를 열거하고 있거나, 각 자료에 대해 해석하는 입장이 중간에 변화한다면 글의 가치를 크게 떨어뜨리게 된다. 너무 추상적으로 내용을 기술하는 경우도 여기에 포함되는데, 글쓴이가 주제에 대해 깊이 생각해 보지 않았거나 일반적인 내용으로 일관할 때 독자는 추상적으로 느끼게 된다.

글이 문법적으로 오류가 없는지도 검토해야 한다. 문법이란 한 언어를 사용하는 구성원들이 소통의 편리함을 위하여 합의한 언어체계다. 따라서 문법에 맞는 글이 아니면 언중들과의 기본적인 소통에 문제가 생긴다. 내용과 형식이 아무리 뛰어날지라도 문법에 어긋나는 글이라면 글로 인정될 수 없고 사회구성원에게 혼란만을 야기할 것이다. 문법적인 문장을 쓰려면 기본문형을 이해하고, 문장성분들이 서로 바르게 호응해야 한다.

마지막으로 글의 표현을 살펴야 한다. 표현을 어떻게 하는가에 따라서 기억에 남기도 하고 감명을 줄 수도 있으며, 재미있게 느낄 수 있다. 따라서 독자들의 공감과 감동을 불러일으키는 표현 방식을 사용해야 하며 다양한 수사법을 적절히 활용해 볼 수 있다.

5. 중심생각의 기술 방법

글이 통일성을 갖기 위해서는 중심이 되는 생각, 관련 자료, 줄거리 등을 일관되게 구성해야 한다. 특히, 중심이 되는 생각을 정립하지 않고서는 다른 요소를 검토하는 것이 무의미하다. 특별한 주장이 드러나지 않는 수필 형태의 글에서도 중심생각이 없다면 수려한 문장을 나열한 것에 불과하다.

주제를 어떻게 드러낼 것인가에 따라 문장의 표현이 달라진다. 독자에게 받아들여질 형태나 인상을 염두해 두고서 주제를 나타내야 하는데, 이러한 방법은 다양하다. 이 중에서 비교적 많이 활용되는 것을 살펴보고자 한

세상에서 가장 중요한 일들 대부분은 아무도 도와주지 않을 때에도 계속 노력한 사람들에 의해 이루어졌다.
– 데일 카네기

다. 필자는 여러 방법 중에서 글을 쓰는 목적이나 내용, 독자의 특성, 글의 분량 등을 고려하여 효과적이라고 판단되는 것을 활용하면 된다(이희승 외, 1987).

1) 전개 기술

전개 기술이라는 것은 주제를 처음 단락에서 명시하고, 그것의 논거를 설명하면서 글을 전개해 가는 방법이다. 이 방법은 연역적인 논법과 유사하기 때문에 주제가 간명한 때에 효과가 있다. 예를 들면, '현행 교육과정은 개정할 필요가 있다.'라는 것과 같은 주제일 때 이 전개법이 적당할 것이다. 그러나 '죽음은 인간의 끝인가?'와 같이 논리적으로 모호한 주제나 독자의 반대가 예상되는 주제는 독자의 시선이 처음에 고정되어 뒷 내용을 제대로 읽지 못하게 한다. 이러한 우려가 있을 때에는 이 방법이 적절하지 않다.

2) 클라이맥스 기술

클라이맥스 기술은 주제를 뒷받침하는 논거나 설명을 점차적으로 누적하다가 일정한 곳에서 주제를 제시하는 방법이다. 보통은 글의 마지막 단계에 제시되는 형태로 볼 수 있다. 점점 표현이나 자료를 더해 가다가 최종 단계에서 한층 효과를 높이기 위해 주제가 명시된다. 중간에 최종 주제를 뒷받침하는 자료가 열거되기 때문에 점증법이라고 부를 수 있다. 이러한 방법은 독자에게 강한 인상을 남기는 효과가 있다.

이 방법은 최초에 주제를 바로 제시하지 않고, 관련 자료나 증거를 차례로 제시하면서 독자의 생각을 변화시킨 후에 주제를 제시한다. 그 때문에 필자가 의도하는 주제에 대해 독자가 반감을 가지고 있을 경우 효과적인 방법이다.

3) 소출 기술

소출(小出) 기술은 주제를 몇 개의 하위 주제로 분석하고, 각 하위 주제에 대해 구체적으로 기술하는 방법이다. 예를 들면, '의무교육은 변화되어야 한다.'는 주제가 있다면, 하위 주제로서 '초등학교 교육은 변화해야 한다.' '중등학교 교육은 변화해야 한다.' '교사들을 재교육해야 한다.' '교수 방법을 혁신해야 한다.' 등으로 분석하여 세부적인 기술을 하고 최종적으로 '그러므로 의무교육은 변화되어야 한다.'로 제시할 수 있다. 이것은 서두에 제시하거나 말미에 제시하는 방법 모두 가능하다. 이러한 방법은 설득의 효과를 높일 수 있다. 최종 주제와 하위 주제 간의 유기적인 관련성이 드러나서 설명되기 때문에 글 전체에 대한 이해를 도모할 수 있다.

4) 소거 기술

소거(消去) 기술은 주제와 반대되거나 대립되는 주제를 차례로 검토하고 그 근거가 부족함을 지적함으로써 하나씩 소거해 가는 방법이다. 이를 통해 글쓴이의 주제가 타당함을 드러내고 최종적으로 원하는 주제를 남긴다. 다른 방법이 적극적으로 주제를 논증하는 것이라면 이 방법은 이것 이외의 것은 타당하지 않음을 소극적으로 논증한다. 따라서 주제에 대해 적극적인 논증을 할 수 없거나 곤란한 경우에 효과적인 방법이다.

그러나 소거되고 남은 주제가 가장 타당하고 말할 수 없다는 단점이 있다. 예를 들어, 10개의 학교를 평가할 때, 9개 학교에 문제가 분명히 드러났다고 해서 나머지 1개 학교가 좋은 학교라고 단정하여 말할 수 없는 것과 같다.

5) 대비 기술

소거 기술에 비해 보다 적극적으로 반대 의견이나 주제를 검토하는 방법이 대비 기술이다. 글의 주제에 대해 반대되는 주제의 논거를 제시하고 이를 비판하고 논증해 가는 것이다.

다른 주제와의 대비를 통해 필자가 제시한 주제의 가치를 높일 수 있다. 따라서 인식의 전환이나 깨달음을 주고자 할 때 자주 사용된다. 정치인들이 정책을 비교하는 과정에서 흔히 볼 수 있다.

이 방법은 다른 생각과 비교 · 대조하는 것이 특색이므로 이를 사용하기 위해서는 필자가 주제에 대해 자신감을 가지고 있어야 하고 관련 정보를 널리 모으는 것이 중요하다.

6) 추론 기술

추론 기술은 주제를 명시하지 않고, 각 단락의 논의를 전개해 가면서 자연스럽게 주제를 추론할 수 있도록 기술하는 방법이다. 독자의 소양이 어느 정도 갖추어져 있고, 주제에 대해 일부 동조하는 경우에 효과적이다. 이는 독자가 스스로 주제를 추론하고, 글의 내용에 대해 고찰하도록 요구하기 때문이다. 여운이 남는 표현이나 기억에 남는 문장을 통해 전달하고자 하는 주제를 나타낼 때 쓰인다.

6. 글쓰기 관점

글쓰기에서 중요한 것이 바로 관점이다. 글의 자료나 문장을 선택하는 기준이 되기 때문에 관점을 확실히 정해야 한다. 글에 전제되어 있는 관점을 간파하는 일은 내용의 이해나 가치에서 중요하다.

모든 글에는 관점이 있다. 객관적인 사실을 전달하는 글에도 객관적이라는 관점이 내포된다. 사실을 전달하는 글도 순전히 사실만을 기술하기는 어렵다. 많은 사실 중에서 특정한 내용만 선택하여 표시하는 것에도 역시 관점이 포함되기 때문이다. 관점의 유형은 다음과 같이 구분해 볼 수 있다.

가장 기본적으로 어떤 내용에 대해 찬성이나 반대, 혹은 중립의 입장으로 내용을 기술할 것이다. 이러한 가치 판단은 글쓴이의 이념적 특성도 반영된다. 예를 들면, 진보, 보수, 사회주의, 민주주의, 낙천적, 회의적, 이상적, 현실적 특성 등으로 구분하는 것이 가능하다.

글쓴이가 사용하는 인칭에 따라서도 관점의 기술이 달라진다. 1인칭 단수, 복수 등으로 구분하는 것을 예로 들 수 있다. 주로 '나, 저, 이 사람' 등의 1인칭 대명사를 사용하는 경우가 많을 것이다. 문장에서 항상 주어로 1인칭 대명사를 쓰면 다소 개인적이고, 주관적인 인상을 주게 된다. 따라서 문장에 지장이 없다면 생략하여 기술하는 것이 좋다.

또 다른 형태는 등장인물을 구별하는 것에 따라 관점의 기술이 달라지는 것이다. 주로 문학작품에서 볼 수 있는데, 등장인물을 취급하는 방법으로서 '내가'와 같은 형태로 주요인물을 기술하는 1인칭 관점, 특정한 인물이 관찰하는 것으로 통해 기술하는 1, 3인칭 관찰자 관점, 글쓴이가 전체적인 내용을 조망하며 기술하는 전지적 관점 등이 있다.

1인칭의 등장인물로 기술하는 경우는 진실성을 보여 주면서 내용을 전개할 수 있다. 자전적 글은 이러한 관점이 집필에 용이하다. 어떤 인물의 눈을 통해 기술하는 관점은 인물의 설정을 자유롭게 할 수 있다는 장점이 있지만, 기술하고 싶은 내용에 특정인이 늘 포함되어야 하기 때문에 넓은 범위의 내용을 다루는 데 어려움이 있다. 글쓴이가 모든 것을 알고 있는 상태에서 기술하는 전지적 관점은 등장인물이나 상황, 대상에 대해 드러나지 않는 내용까지 기술할 수 있다는 장점이 있다(이희승 외, 1987).

7. 글쓰기에서 구상하기의 역할

글을 전개하는 데 있어 주제와 관련된 구조(내용)에 대해 윤곽을 잡는 것을 구상이라고 한다. 이러한 구조를 만드는 일을 귀찮아하거나 대강 마무리하는 경우가 많은데, 구상하기에 공을 들이면 훨씬 빨리, 그리고 짜임새 있게 글을 완성할 수 있다. 구상하기의 구체적인 실천은 줄거리를 만들어 봄으로써 이루어진다. 잘 만들어진 줄거리는 곧바로 완성된 글로 이어질 수 있다. 줄거리의 구체적인 역할은 다음과 같다(이희승 외, 1987).

줄거리는 문장의 시작과 끝을 안내하는 표지다. 예를 들어, 어떤 사람이 사교육 때문에 교육 격차가 커지는 문제에 대해 글을 쓰고자 한다. 그리고 고심하여 다음과 같은 줄거리를 만들었다.

제목: 사교육을 금지하자.

주제: 사교육을 금지하여 교육 격차를 줄여야 한다.

(가) 사교육의 실태
- a. 유아의 경우
- b. 초등학생의 경우
- c. 중등학생의 경우
- d. 경비 지출
- e. 시간 할애
- f. 사교육 유형

(나) 사교육 실시 이유
- a. 가정적 요인

b. 사회적 요인

c. 교육적 요인

d. 개인적 요인

(다) 사교육의 폐해

a. 가정적 차원

b. 사회적 차원

c. 개인적 차원

d. 교육적 차원

(라) 결론

이렇게 줄거리를 완성하게 되면 전체적인 글의 흐름을 알 수 있고 통일성 있는 글쓰기가 가능해진다. 또한 필요한 자료 유형도 쉽게 구분할 수 있고 자료가 담고 있는 성격이 어떠해야 하는지 구체적인 지침을 제공해 준다.

필수적인 내용의 누락과 중복을 예방한다. 줄거리를 구상하지 않고 바로 글쓰기를 하게 되면 필요한 내용을 누락하게 되는 문제가 발생한다. 머릿속에 뚜렷하게 그림을 그리고 있더라도 글을 전개하다 보면 꼭 빠뜨리는 내용이 있기 마련이다. 그래서 어색하게 중간에 끼워 넣거나 말미에 강조하는 형태로 첨가하기도 하지만 이렇게 되면 전체적인 균형이 무너지게 된다.

그리고 자신이 강조하는 내용을 계속 되새기다 보면 내용이 중복되는 일도 많다. 이렇게 중복해서 내용이 기술되면 퇴고를 하기 전에는 발견하기가 어렵다. 그리고 퇴고하는 시점에 발견하더라도 수정하는 데 많은 노력이 필요하다.

글의 균형 유지다. 주제에 따른 자료를 수집하고 기술을 하다 보면 보다

치중해서 내용을 서술하는 부분이 발생한다. 이것은 더 알맞은 자료를 발견했거나, 자료의 양이 많거나, 글쓴이가 그 내용에 심취할 때 생기기 쉬운 문제다. 그래서 병렬식으로 논거를 기술하지만 비중이 달라져 글의 흐름이 어색해질 수 있다.

줄거리를 구상하면 찬성과 반대의 주장 내용이 균형 있게 배치되는지, 각 유형별로 동일한 형태로 기술되고 있는지 등을 확인할 수 있다.

글의 분량도 중요하다. 앞서 '사교육을 금지하자.'는 주제로 줄거리를 작성할 때 대강의 분량도 함께 설정해야 한다. 전체적인 분량을 대략 A4 용지 20매로 한다면 이를 기준으로 각 내용의 분량을 할당해야 한다. 예를 들면, (가)를 시작하기 전, 서론으로서 1장, (라)는 결론으로서 2장 등 쉽게 예상할 수 있는 부분부터 결정한다. 그리고 (가), (나), (다)를 각각 6~7장으로 결정할 수 있다. 여기서 다시 세부 항목별로 분량을 할당할 수 있다. 물론 이러한 기계적인 분배를 하지 않고 강조하고 싶은 부분에 따라 가감할 수도 있다.

8. 구상하기의 방법

구상은 시간과 공간의 순서에 따라 할 수 있다. 시간과 공간의 순서를 가지고 내용을 구상하면 자연스러운 글의 틀을 완성할 수 있다. 또한 익숙해지면 시간과 공간의 순서 외에도 논리적 순서를 적용해서 구상해 볼 수 있다.

시간적 순서에 의한 구상: 내용의 배열을 시간적으로 나열하는 것으로 가장 기본적인 방법이다. 이를 통시적(通時的) 배열이라고 한다. 주로 개인의 경험, 역사적 내용 등을 구상하는 방법이다. 시간적 순서라고 해서 반드시 순차적인 것을 말하지는 않는다. 과거로 거슬러 올라가는 구상도 가능하다. 예를 들면 다음과 같다.

제목: 일제 강점기 교육

주제: 일제 강점기 교육이 어떻게 전개되었는지 설명한다.

(가) 제1차 조선교육령

(나) 제2차 조선교육령

(다) 제3차 조선교육령

(라) 제4차 조선교육령

(마) 제5차 조선교육령

공간적 순서에 의한 구상: 내용의 배열을 공간적인 상호 관계에 따라 나열하는 것이다. 이를 공시적(共時的) 배열이라고 한다. 특정한 사건, 물건, 장소 등을 설명하는 데 많이 활용된다. 예를 들면 다음과 같다.

제목: 세계의 학교 건물과 시설

주제: 각국의 학교 건물과 시설에 대해 살펴본다.

(가) 미국

a. 교실

b. 운동장 및 체육관

c. 연구 공간

d. 도서관

e. 기타

(나) 영국

a. 교실

b. 운동장 및 체육관

c. 연구 공간

d. 도서관

e. 기타

(다) 일본

a. 교실

b. 운동장 및 체육관

c. 연구 공간

d. 도서관

e. 기타

(라) 프랑스

a. 교실

b. 운동장 및 체육관

c. 연구 공간

d. 도서관

e. 기타

시간적 배열과 공간적 배열을 연계하여 구상할 수도 있다. 예를 들면 다음과 같다.

제목: 제2차 세계 대전의 전개

주제: 제2차 세계 대전이 어떻게 전개되었는지 살펴본다.

(가) 유럽 전선

a. 1939년

b. 1941년

c. 1942년
d. 1943년
e. 1944년
f. 1945년

(나) 아프리카 전선

a. 1939년
b. 1941년
c. 1942년
d. 1943년
e. 1944년
f. 1945년

(다) 태평양 전선

a. 1939년
b. 1941년
c. 1942년
d. 1943년
e. 1944년
f. 1945년

논리적인 순서에 의한 구상은 사고의 발전 순서로 내용을 구성하는 것이다. 복잡한 논리학의 설명이 적용될 수도 있지만 인간의 합리적인 사고 전개를 적용하여 줄거리를 구상할 수 있다. 인간의 사고 전개 과정은 그 기준에 따라 매우 다양하기 때문에 구상도 다양하다. 중요성, 흥미, 인과관계, 문제해결, 유용성 등이 그 기준이 된다. 여기에서는 대표적인 몇 가지 형태만 살펴보도록 한다.

중요성에 따라 구상하는 방법: 다루는 내용의 중요성이 가벼운 것에서 무

사람들은 동기부여는 오래가지 않는다고 말한다. 목욕도 마찬가지다. 그래서 매일 해야 하는 것이다. – 지그 지글러

거운 것으로 기술해 나가다가 말미에 가장 중요한 사항을 기술하는 방법이다. 물론 사람에 따라서 무엇을 더 중요하게 여기는가 하는 문제가 있어 다소 주관적일 수 있지만, 글쓴이의 의식이 반영되기 때문에 중요하게 여기는 부분에서 자연스럽게 더 강조하게 된다. 예를 들면 다음과 같다.

제목: 통일의 필요성

주제: 통일이 왜 필요한지 살펴보고 통일의 중요성을 이해한다.

(가) 통일의 의미

(나) 남북 분단의 배경

(다) 통일의 필요성

a. 이산가족, 실향민의 아픔

b. 교통 물류 부분에서 손해

c. 남북 주민 간의 이질화

d. 남북 간의 군사적 대결과 갈등

e. 평화의 정착

흥미에 따라 구상하는 방법: 내용의 배열을 필자의 흥미에 따라 기술하는 방법이다. 보통 일기와 같은 기록문을 작성할 때 가장 재미있었던 사건을 바탕으로 작성하는 것을 예로 들 수 있다. 흥미의 정도로 기술하게 되면 글이 진행될수록 흥미도가 낮아진다. 따라서 앞부분은 흥미도가 높은 내용을 기술하여 호기심을 높이고 끝부분에도 역시 흥미도가 높은 내용을 기술함으로써 글에 대한 전반적인 인상을 긍정적으로 만들어야 한다.

흥미는 단지 새롭고 재미있는 것만을 말하는 것이 아니고 관심을 끌 수 있는 것이 된다. 신문이나 행정적인 보고문에서도 이러한 방법에 따라 독자들의 관심을 끌도록 중요한 사항부터 열거하는 방식을 쓴다.

인과관계에 따라 구상하는 방법: 원인과 결과의 관계에 의해 기술하는 것으로 특정한 사건이나 문제해결을 다루는 글에서 적용하기 용이한 방법이다. 구체적인 적용은 현 실태에서 원인으로 전개, 현 실태에서 결과로 전개, 현 실태에서 원인과 결과로 전개 등으로 구체화된다. 예를 들면 다음과 같다.

제목: 청소년의 가출

주제: 청소년 가출의 문제를 이해하고 선도하자.

(가) 청소년 가출 현황
- a. 1990년대
- b. 2000년대
- c. 2010년대
- d. 다른 나라와 비교

(나) 청소년 가출의 원인
- a. 가정적 요인
- b. 교육적 요인
- c. 대인관계 요인
- d. 기타

(다) 청소년 가출로 인한 문제
- a. 발달적 차원
- b. 가정적 차원
- c. 사회적 차원

(라) 청소년 가출 예방

당신이 세상을 바꿀 수 없다고 말하는 사람에는 두 종류가 있다. 시도하기를 두려워하는 사람들, 당신이 성공할까 봐 두려워하는 사람들. - 레이 고포스

소주제의 나열에 따라 구상하는 방법: 주제와 관련된 작은 이야깃거리를 열거하면서 기술하는 방법이다. 위인 및 기관의 업적 소개, 조직 구조 및 역할의 소개, 특정한 문제의 분석 등을 할 때 유용하다. 글쓴이가 집중 조명하고 싶은 내용 중심으로 다룰 수 있다는 장점이 있다. 이러한 방법은 문제해결이나 논의를 위한 목적보다는 정보 제공, 강조 등을 위한 목적에 알맞다. 예를 들면 다음과 같다.

제목: 조선시대 왕들의 빛나는 업적

주제: 조선시대 왕들의 훌륭한 업적을 이해한다.

(가) 조선 전기
- a. 조선을 건국하다
- b. 호패법
- c. 집현전과 훈민정음의 창제

(나) 조선 중기
- a. 전쟁의 위기 극복
- b. 대동법의 시행
- c. 붕당정치

(다) 조선 후기
- a. 규장각의 설치
- b. 탕평책 실시

실천 활동

■ 다음의 제목에 대해 주제를 정하고, 그에 따른 알맞은 구상을 해 보시오.

1. 제목: 행복한 삶

주제:

구상 방법:

실패는 성공을 맛내는 양념이다. - 트루먼 카포티

2. 제목: 청년 취업난의 극복

주제:

구상 방법:

글쓰기 상식 코너

글쓰기 오류 바로잡기 !
– '되어'의 준말 '돼' –

그는 교사가 돼/되 고향의 학교에서 후배들을 가르치고 있다.
그렇게 하면 안 돼/되 !

무엇부터 쓰기 시작할까?(한국교원대학교, 1995)

1. 쓰는 계기가 된 사항을 제시한다.
2. 제목에 대한 설명을 한다.
3. 주제, 화제를 제시한다.
4. 내용을 요약한다.
5. 때와 장소를 서술한다. (감상문과 수필에서 주로 쓸 수 있다.)
6. 스스로 느낀 일을 써 본다.
7. 현재의 심경을 밝혀 본다.
8. 취급하는 인물을 소개한다. (인물평이나 짧은 전기에 주로 쓸 수 있다.)

제3장

문장 구성 요소의 이해와 오류 유형

1. 주어의 특징과 오류

주어란 문장의 주체가 되는 말로서 임자말이라고도 한다. 주어는 일반적인 문장 구성인 '~은 어찌한다' '~은 어떠하다' '~은 무엇이다'에서 주체가 되는 무엇이 혹은 누가를 나타내는 말이다. 주어는 한 문장을 구성하는 기본 문장성분 가운데 서술어, 목적어, 보어와 함께 문장 성립에 필수적인 주성분이다.

국어에서 주어의 특징은 다음과 같다.

첫째, 주어가 존대되어야 하는 대상일 경우, 서술어에 '-(으)시'가 포함되어야 한다. 예를 들면, '그가 식사를 한다.'에서 그를 존대하여 '그분'으로 수정하면, '그분이 식사를 하신다.'와 같이 서술어에 변화가 있어야 한다.

둘째, 한 문장에서 주어와 동일한 말이 반복될 때, 뒤의 말은 '자기'로 재귀된다. 예를 들면, '영숙이는 자기가 예쁘다고 생각한다.'와 같은 형태다.

그러나 주어가 1인칭이거나 2인칭일 경우에는 '자기'의 쓰임이 제약을 받는다. 즉, '나도 자기 물건을 쓸 테니 너도 자기 물건을 써라.'라는 문장은 성립하지 않는다.

셋째, 정상적인 주어는 도치되는 경우를 제외하고는 문장의 첫머리에 놓이지만, 국어에서는 정상적인 위치를 자주 벗어날 수 있다. 예를 들면, '나는 그를 사랑한다.'라는 일반적인 문장에서 '나는'은 주어로서 맨 앞에 놓였지만, 문장의 느낌이나 상황에 따라 위치를 달리해도 문장은 성립할 수 있다. '그를 나는 사랑한다.' '그를 사랑한다, 나는~' 등이 가능한 것이다.

넷째, 국어에서는 주어가 2개 이상인 것처럼 보이는 경우가 있다. '코끼리가 코가 길다.'와 같은 문장이 흔히 쓰이는데 이것은 서술절이 들어 있기 때문이다. 또 '시골은 집들이 마당이 넓다.'와 같은 문장은 주어가 셋인 것처럼 보이는데, 이는 서술어인 서술절 속에 또 서술절이 들어 있는 것으로 파악할 수 있다.

다섯째, 국어 문장에서의 주어는 필수성분이지만 주어가 생략되는 경우가 있는데, 이는 상황이나 문맥에 의해서 그 문장의 주어를 알 수 있는 경우에 한한다. 그 밖에도 국어 문장 가운데는 '불이야.'나 '수염이 석자라도 먹어야 산다.'와 같이 주어가 불분명한 경우가 있는데, 이들 문장에서는 주어가 무엇인지, 또 그것이 생략된 것인지 불분명하다. 그러나 이런 경우는 제한된 수의 속담이나 관용구에 한정되어 있다. 이와는 달리 명령문에서의 주어 생략과 서술어가 '기쁘다'나 '슬프다'와 같은 느낌을 나타내는 형용사인 경우 문장에서의 주어 생략은 문법적으로 설명할 수 있다(한국 브리태니커 온라인, 2015). 국어 문장의 주어는 주격조사 '-가/-이'가 대표적으로 쓰이며 주어를 높일 때는 '-께서'를 쓰고, 명사에 따라서 '-에서'를 쓰기도 한다.

대학 축제는 학생회에서 주최한다.

일반적으로 '-에서'는 처소를 나타내는 부사격조사로 쓰이는데, 앞의 예문과 같은 경우 '학생회에서'가 문장의 주어가 되기 때문에 주격조사가 된다. 그러나 문장의 구성이 다음 예문과 같은 경우는 부사격조사가 된다.

대학 축제는 학생회관에서 열린다.

앞서 기술한 바와 같이 문장은 주어와 서술어가 모여 '~은 어찌한다' '~은 어떠하다' '~은 무엇이다' 등의 형태로 골격을 형성한다. 이 세 가지 형식에서 '무엇이'에 해당하는 것은 주어이고, '어찌한다, 어떠하다, 무엇이다'에 해당하는 것은 서술어다. 국어의 문장은 앞의 예문처럼 주어와 서술어를 갖추는 것이 기본이다.

예를 들면, '철수는 고향이 북한이다.'라는 문장에서, 세 어절의 관계가 분명하지 않다. 특히 '철수'와 '고향'의 관계가 명료하지 못한데, 이는 주어를 명확히 하지 않았기 때문이다. 그러나 '철수의 고향은 북한이다.'라고 쓰면 주어, 수식어, 서술어의 관계가 명확해진다. 이처럼 문장을 이루는 성분의 관계를 명료하게 해야 전달이 쉽고 논리적인 글이 된다.

다음 문장에서 문제가 되는 부분을 살펴보자.

뉴욕은 맨해튼이 집세가 제일 비싸다.

이 문장도 다섯 어절의 관계가 모호하다. 이것 역시 주어를 명확히 하지 않아 생긴 문제다. 이 문장을 바로잡아 보면, '뉴욕에서 맨해튼의 집세가 제일 비싸다.'라고 쓰면 문장성분의 관계가 분명해진다.

또 다른 예로, '안동은 식혜가 유명하다.'라는 문장도 흔히 쓰이는 형태이지만, 이 역시 세 어절의 관계가 명료하지 않다. 종종 '이중 주어 문장' '주어 충돌 문장' 등으로 설명되기도 하는데, 글쓰기 경쟁력을 높이기 위해서는 이러한 문장을 쓰지 않는 것이 좋다. '안동의 식혜가 유명하다.' 또는 '안동에서 식혜가 유형하다.'는 형태가 더 적절하다.

> 지성인이라는 대학생들이 쓴 다양한 리포트를 읽을 때마다 아쉽고 섭섭한 마음이 드는 것은 학교교육에 대한 실망뿐만 아니라 학생들의 사고 연습이 부족하다는 데 있다.

이 문장은 어떠한가? '읽다' '아쉽다' '섭섭하다' '실망하다'의 주어가 없다. 주어는 교수 집단, 대학교, 채점자 등 다양할 수 있기 때문에 이를 명확히 해야 한다.

> 나는 지성인이라는 대학생들이 쓴 다양한 리포트를 읽을 때마다 아쉽고 섭섭한 마음이 든다. 그것은 학교교육에 대한 실망과 학생들 스스로의 사고 연습이 부족하다는 것에 있다.

> 초등학교 교실의 교육을 올바로 실천하는 일이 쉽지 않았다. 교사들이 타성에 젖었고 사명감과 교육철학이 부재한 상황이어서 그것을 극복할 수가 없었다.

'실천하는'의 주어와 '극복하다'의 주어가 없다. 여기서 주어는 학교장, 교육부, 학부모 등 다양하게 가정할 수 있기 때문에 이러한 문장은 부적절하다.

> 초등학교 교실의 교육을 올바로 실천하는 일이 쉽지 않았다. 교사들이 타성에 젖었고 사명감과 교육철학이 부재한 상황이어서 나는 그 문제를 극복할 수가 없었다.

다음의 문장을 수정해 보자.

◇ 지난 한 해 동안 틈틈이 쓴 글이라, 마음 같아서는 이 책 원고를 두어 해쯤 그대로 두고서 몇 번이나 읽어 더 보태고 깎고 고치고 하여 온전한 것으로 내고 싶었지만, 출판사의 권유에 따라 이대로 내보이게 되었다. 모자란 점이나 잘못된 점을 읽는 분들이 가르쳐 주면 다행이겠다(이오덕, 1992).

2. 주어와 서술어의 불일치

서술어는 주어의 행위나 상태, 성질 등을 기술하는 것으로서 문장의 주요 성분이 된다. 주어에 대해서 '어찌한다' '어떠하다' '무엇이다' 등의 형태로 설명해 주는 말이다. 문장을 이루는 다른 요소도 서술어와 조화되어서 구성되는데, 명령문 등에서는 주어 없이 쓰이기도 한다.

국어에서 서술어는 보통 동사나 동사구로 구성된다. 동사, 형용사, 체언에 서술격 조사 '-이다'가 결합하여 서술어로 구성된다. 하나의 단어, 구, 절이 모두 서술어가 될 수 있다. 예를 들어, '코끼리가 코가 길다.'와 같은 경우인데, '코가 길다.' 처럼 한 문장이 서술어 노릇을 할 때 이를 서술절이라 부른다.

서술어의 형태는 일반적으로 볼 수 있는 종결형뿐만 아니라, 더 큰 문장

속의 한 성분이 되기 위해 연결형, 관형사형, 명사형으로 나타나기도 한다. 예를 들면 다음과 같다.

겨울이 되었으니 난방 준비를 하자.
넌 철수가 싸우는 것을 본 적이 있니?
그는 자기 말이 타당함을 주장하였다.

첫 번째 형태는 두 문장을 연결해 주기 위해 서술어가 역할을 하고 있고, 두 번째 형태는 명사 '적'을 꾸며 주는 형태로 서술어가 쓰였으며, 세 번째는 목적어로 역할하기 위해 명사 형태로 서술어가 쓰였다. 그리고 서술어가 연결형이나 명사형으로 문장을 종결짓기도 한다. 예를 들면 다음과 같다.

그때까지만 해도 얼굴에 주름이 없었는데…….
심신이 건강한 사람을 대상으로 접수함

이 경우는 뒤에 올 말이 생략되거나, 일기문 또는 메모 형식의 글에 제한적으로 쓰이는 형태다. 국어의 서술어는 그 종류에 따라서 세 가지로 구분할 수 있다.

대부분의 형용사나 자동사와 같이 주어만을 필요로 하는 것
예) 군인이 행진한다.

타동사와 '같다, 아니다, 무섭다, 적당하다' 등과 같이 주어 이외에 다른 성

鷄鳴狗盜(계명구도): 작은 재주가 뜻밖에 큰 구실을 함.

분을 하나 더 필요로 하는 것

예) 철수가 노래를 부른다. 철수의 태도는 아버지와 같다.

'주다, 넣다, 삼다' 등과 같이 주어를 포함해서 세 자리의 성분을 필요로 하는 것

예) 산타할아버지께서 철수에게 선물을 주셨다.

각 서술어가 필요한 성분을 다 갖추지 못하면 그 서술어를 지닌 문장은 불완전한 것이 된다.

국어에서의 서술어 위치는 문장의 맨 끝에 놓이는 것이 정상이나, 강조 표현에서는 서술어가 문장의 서두에 놓이기도 한다.

예) 슬펐었지, 그 순간에.

서술어의 생략은 문장의 필수성분이므로 생략되지 않는 것이 원칙이지만, 똑같은 서술어가 반복되거나 앞의 문맥에 의해서 서술어를 예측할 수 있을 경우에는 생략할 수 있다(한국 브리태니커 온라인, 2015).

예) 철수는 콜라를, 나는 사이다를 마셨다. 나는 어제 영화를 봤어, 우리 엄마도.

다음의 예문을 살펴보고 수정해 보자.

◇ 『자연탐사 2』는 생태계에 존재하는 동물, 식물, 무생물을 조사하였다. 앞서 출판된 『자연탐사 1』에서 연장된 내용이며, 서식지, 번식, 사냥, 진화 등의 영역으로 나누어 조사하였다.

⇨ 예시 문장에서 『자연탐사 2』와 '조사하였다'는 호응이 잘 이루어지지 않는다.

◇ 프랑스는 흔히 낭만의 국가라 한다.

⇨ '~는'은 '~이다'를 주로 지정하는 주격조사다. 예시 문장에서 주어 '프랑스'와 서술어 '~라 한다'는 호응이 되지 않는다.

◇ 이 글은 대학생들이 어떻게 자신의 생각을 글로 잘 표현할지를 나타낸 글이다.

⇨ '이 글은' '~글이다'는 주어, 서술어가 동일하여 적절치 못하다.

◇ 그 체육관에서 배운 동작과 무술의 대부분이 잘못 가르쳤고, 오랜 시간 동안 잘못된 동작으로 연습한 결과, 교정을 하는 데도 큰 어려움을 겪었다.

⇨ 주어 '대부분'과 서술어 '가르치다'의 의미가 호응되지 않는 문장이다.

◇ 따라서 라면, 햄 등 인스턴트 음식을 오랫동안 섭취한 사람들이 암을 일으키게 된 것이다.

⇨ 이 문장은 주어, 서술어가 명확하지만, 서로 호응되지 않는다. 사람들이 '암을 일으키는' 것이 아니라 '암에 걸리는' 것으로 수정해야 한다.

◇ 집필한 원고를 인쇄할 때에는 문서 인쇄 아이콘을 누르면 원고가 인쇄된다.

⇨ '인쇄할 때 ~인쇄된다'는 주어와 서술어가 동일하여 호응되지 않는, 주술 동일성 문장이라 할 수 있다.

◇ 이러한 학생의 주요 행동은 정서불안, 대인기피, 과민반응 등의 행동이다.

⇨ 이 문장 역시 '행동은' '행동이다'로 주어와 서술어가 동일하여 호응되지 않는다.

3. 문장 및 문단 오류

문장은 문법적으로 충분히 독립되어 있는 단위로서 하나의 단어나 서로 관련된 단어의 집합으로 구성된다. 문장의 단위를 어떻게 규정하느냐 하는 문제는 그동안 많은 언어학자에 의해 논의되었지만 만족스러운 정의는 아직 없다. 서양의 경우 정서법에 근거하여 문장의 정의를 내린다. 예를 들면, '하나의 문장은 대문자로 시작해 마침표로 끝을 맺는 단어의 연계다.'라는 형태다.

전통 문법에서 문장은 그 자체로 충분한 의미를 구성하는 단어의 집합으로 여러 개의 절을 포함할 수 있다고 정의된다. 그러나 이런 정의는 동일한 의미가 단어에 의해서도 표현될 수 있기 때문에 문제점을 지닌다.

이런 정의의 불완전성 때문에 현대 문법에서는 문장의 정의를 내리기보다 '문장을 구성하는 것' 또는 '문장'이라 불리는 모든 실체를 바탕으로 그 특성을 파악하려고 한다. 그러나 궁극적으로 문장의 목적은 어떤 주체(사람, 일, 대상)에 대해 무엇을 기술하려는 데 있다.

문장은 그 짜임새에 따라 단문과 복문으로 구분된다. 단문은 주어가 여러 개가 있더라도 서술어와 한 번의 관계를 맺는 문장이다. 복문은 2개 이상의 절을 포함하고 있는 경우다. 복문에서 포함된 절들은 문법적으로 충분히 자율성을 지니고 있기 때문에 각 절들이 단문으로 전환될 수 있다. 그러나 종속절은 그 자체로는 단문으로 기능하지 못하고 주절의 도움을 필요로 한다.

문장은 종결어미에 의해 여러 가지 방식으로 표현할 수 있다. 주체의 특성을 평범하게 진술할 수도 있고, 질문할 수도 있으며, 상대에게 어떤 일을 지시하거나 권유할 수도 있다. 국어에서 문장을 종결하는 방법은 다양하게 인정하고 있으나, 일반적으로 평서문, 감탄문, 의문문, 명령문, 청유문 등의 다섯 가지로 구분된다.

문장에서 주체와 객체, 상황 등을 고려하면 문장의 기능과 의미도 다양하게 설명할 수 있다. 이처럼 문장이 쓰이는 구체적인 맥락을 '이야기'라고 부른다. 문장은 주어, 서술어 등 필수적인 몇 개의 성분을 바탕으로 독립적으로 형성되지만, 이야기는 주체, 상황 등을 중심으로 특수한 장면이 설정되고, 심리적 · 사회적 요인도 영향을 미친다(한국 브리태니커 온라인, 2015).

좋은 문장은 먼저 문법적으로 옳은 것이어야 한다. 문법에 맞지 않는 문장을 쓴다면 정확한 의사소통을 할 수 없다. 자기 임의로 생각하고 해석한 문장은 오해와 혼란을 줄 수 있기 때문이다. 문법에 맞는 문장을 통해 자기를 표현하고 전달할 때 정확한 의사를 소통할 수 있다. 올바른 문장을 쓰기 위해서는 몇 가지 기본적 요건에 충실해야 한다. 먼저 주어가 서술어와 적절하게 상통해야 한다. 주어와 서술어는 문장의 기본이다. 조사가 문맥의 흐름과 잘 맞물려야 하고 시제를 적절하게 사용해야 하며 존비법을 바르게 구사해야 한다. 그리고 능동 표현과 수동 표현을 구분해서 써야 한다.

한편, 문단은 한 가지 완결된 생각을 담은 여러 개의 문장이 모여서 하나의 중심생각을 나타내는 덩어리다. 그러므로 사고나 전달의 2차 단위라고 할 수 있다. 문단을 나누어 쓰면 각 문단마다 한 가지의 중심 생각을 자세하게 담아 효과적으로 전달할 수 있을 뿐만 아니라, 여러 가지 생각을 각 문단으로 명확하게 나타낼 수 있어서 읽는 사람들이 더 쉽게 이해할 수 있다. 한 단위의 사고 내용을 다른 사고 내용과 구분해 놓음으로써 글 전체의 구성관계를 명확히 하자는 것이다. 문단은 글 전체를 구성하는 단위인 동시에, 그 자체는 하나의 독립적인 사고 내용을 표현하는 문장의 집합인 것이다(최상규, 1999). 보통 글을 쓸 때 문단이 바뀌면 줄을 바꾸어 쓰고, 문단을 시작할 때 처음 한 칸을 비우고 쓴다. 각각의 문단은 글쓴이가 나타내려는 주제를 잘 부각시킬 수 있어야 한다. 그러기 위해서 하나의 문단은 중심문장과 뒷받침문장으로 구성되어야 한다(네이버 지식백과, 2010).

글은 여러 개의 문단으로 이루어진다. 형식과 내용이 뛰어난 문단이 결합할 때 비로소 우수한 글을 완성할 수 있는 것이다. 문단을 구성하는 원리는 크게 다섯 가지로 정리할 수 있다(정기철, 2005).

첫째, 문단 내용은 글의 전체 주제에서 벗어나지 말아야 한다. 이를 위해서는 문단 단위의 개요를 작성할 때 문단의 소주제가 전체 주제와 관련하도록 짜야 한다.

둘째, 문단은 반드시 하나의 중심생각만을 가져야 한다. 한 문단에 여러 개의 생각을 함께 담아내려고 하면 결국 글이 혼란스럽고 산만해지는 것을 피할 수 없다.

셋째, 소주제와 뒷받침문장은 상관성을 가져야 한다. 뒷받침문장은 소주제와 관련된 것만을 써서 통일성을 기해야 한다. 만약 그렇지 않을 경우 글의 통일성이 깨져 글의 초점을 상실하게 된다.

넷째, 뒷받침문장은 소주제를 점차 구체화하여야 한다. 뒷받침문장이 소주제를 단순히 풀이하거나 반복하는 데 그치지 말아야 한다. 뒷받침문장이 소주제를 발전하거나 확대해야 읽는 사람이 글쓴이의 생각을 충분히 이해할 수 있다.

다섯째, 뒷받침문장은 소주제를 충분히 뒷받침해야 한다. 이 말은 필요한 만큼의 설명, 논증, 서사, 묘사를 해야 한다는 의미다. 이해하기 어려운 글은 대개 글 쓰는 이가 소주제에 대한 자료가 모자라거나, 충분히 생각하지 않았거나, 구체적으로 기술하지 않았기 때문이다. 따라서 문단을 작성할 때는 자신이 충분히 이해하는 내용을 주제로 삼아야 하며, 글감을 되도록 많이 수집하고, 내용별로 분류하여 정리하는 데 노력을 기울여야 한다.

다음 문장 및 문단을 수정해 보자.

◇ 한국은 이제 평생교육의 시대를 맞이하였다. 세계적인 교육 국가로 들

어서게 된 것이다.

⇨ 두 번째 문장은 주어가 생략되어 있고, 내용상 굳이 두 문장으로 나눌 필요가 없다.

◇ 적성은 사전적으로 어떤 대상에 대한 적합한 성질로 정의된다. 즉, 어떤 특정한 활동이나 직업을 수행하는 데 필요한 능력이 어느 정도인가를 의미하는 것으로서, 지능이 일반적인 능력의 가능성을 가리키는 데 비하여 적성은 구체적인 특정 활동이나 학업, 직업에서 미래의 성공 가능성을 예언한다.

성격, 인지, 신체, 흥미, 사회성 등을 포괄하며 어떤 일이나 능력에 개인차가 존재하여 특정 분야에서 보다 뛰어난 능력이 있을 수 있음을 의미한다. 따라서 현재 그 직무를 훌륭하게 완수할 능력을 갖추고 있다는 것을 의미하기보다는 앞으로 훌륭하게 그 직무를 완수할 가능성을 의미한다.

따라서 그 직에 잘 적응할 수 있는 개인적 성격, 지적 특성, 신체적 특성, 정서적 특성 등을 포괄하는 총체적인 적응력이라고 볼 수 있다.

⇨ 세 문단은 모두 같은 내용이다. 따라서 한 문단으로 엮어야 하며, 둘째 문단과 셋째 문단의 첫 문장은 주어가 빠진 문장이다.

◇ 몇 해 전에 대학교를 졸업했지만 이제야 겨우 회사에 들어온 그녀가 초라해 보이기도 하지만 어딘가에서 풍기는 그녀의 각오가 부럽기도 하다.

⇨ 내용이 구분될 수 있는 긴 문장이다. 짧게 수정하여 연결할 수 있다.

4. 문장성분 및 문단 오류

세계 문화유산을 관리하는 유네스코는 한글을 세계기록문화유산으로 지정하고, 세종대왕 문해상(UNESCO King Sejong Literacy Prize)을 수여하고 있다. 이 상은 1989년에 제정돼 1990년부터 시상해 오고 있는 상으로서, 문맹퇴치와 모국어 발전 · 보급에 크게 기여한 자에게 매년 9월 8일에 시상하는 상이다. 이처럼 세계적으로 그 우수성을 인정받고 있지만, 정작 우리가 쓰는 한글 문장은 비논리적이고 의미가 명확하게 드러나지 않는 경우가 많다. 그 원인은 다양하겠으나, 입시 위주의 교육으로 올바른 글쓰기를 제시하지 못하는 학교교육과 자신의 생각을 조리 있게 전개하는 연습이 부족한 교육 현실, 그리고 비정상적인 글이 유행처럼 퍼져서 어느 것이 올바른 글인지 구분하지 못하게 하는 사회 현실 등이 그 원인일 것이다.

다음에 나오는 문장성분 및 문단 오류를 종합적으로 이해하고 수정해 봄으로써 올바른 글쓰기, 논리적인 글쓰기의 기초를 갖추어 보자. 물론, 문장이나 문단을 수정하는 데 정답을 제시하기란 어렵다. 그러나 보다 효과적인 표현과 전달을 목적으로 하여 수정해 보자.

◇ 지하철 공사를 하느라 매일 날리는 먼지는 건강을 해치고 화가 난다.

⇨ '화가 난다'의 주어가 없다.

◇ 수학여행에서 생긴 일이다. 수많은 학생들 사이에서 눈살을 찌푸린 교감선생님이 담임선생님을 향해 손짓을 하셨다.

⇨ 주어가 생략되어 부정확한 의미 전달이 된다. 주어에 따라 다양한 내용으로 변화될 수 있다.

◇ 학원에서 공부하기 위해 가방을 챙겼다. 그런데 문득 왜 학원에 가야 하는지 의문이 들기 시작하였다.

⇨ 주어가 생략되어 부정확한 의미 전달이 된다. 주어에 따라 다양한 내용으로 변화될 수 있다.

◇ 의사선생님은 철수가 심한 독감을 앓고 있어서 매우 위험하고, 학급 친구들에게 옮길 위험이 있다고 경고하셨다.

⇨ 앞 절은 철수가 주어지만 뒷 절은 '철수의 독감'이 주어가 되어야 한다.

◇ 강의실에서 수업을 들을 때, 친구들이 발표를 할 때, 선후배와 대화를 할 때, 공공장소에서 이야기를 나눌 때 어떠한 주의 사항이 있는지 말해 봅시다.

⇨ 말하는 주체(우리 모두, 여러분들이)를 표시해야 한다.

청년들은 판단하는 것보다 발명하는 것, 의논하는 것보다 실행하는 것, 정해진 일보다 새로운 일을 찾아 개척하는 것이 옳다. – 톨스토이

◇ 사회생활을 하다 보면 급하게 돈이 필요한 경우가 있다.

⇨ 이 문장도 우리가 흔히 사용하는 문장이지만 주어가 필요하다.

◇ 수업을 마치고 나오는 순간이었다. 한 여학생이 복도에 서 있다가 수줍은 듯이 다가왔다.

⇨ 두 문장을 한 문장으로 해야 한다. 형식적인 글을 쓸 때에는 수필이나 소설에서 쓰이는 문체가 부적절하다.

◇ 저녁이었다. 학교 운동장에는 벌써 천막이 설치되고 있었다.

⇨ 첫 번째 문장은 주어가 없고 서술어로만 되어 있다.

◇ 기자는 당시의 상황을 제대로 분석하지 못하고 엉뚱한 기사를 제공한 상황이다.

⇨ 두 가지 문장이 붙어 있다. 두 문장의 주어는 '기자는'이 되는데 '상황이다'와 호응되지 못한다.

◇ 대학에 입학하고서 가장 힘든 것이 리포트를 작성하는 것이다.

⇨ '것이 ~것이다'로 주어와 서술어가 동일하다.

◇ 늘 생기 넘치는 우리 학과는 김철수 교수님을 중심으로 늘 탐구하는 학과다.

⇨ 이 역시 주어와 서술어가 동일하다.

◇ 소나무가 점점 자라면서 독특한 향과 깊이를 느끼게 하는 나무라고 애호가들은 말한다.

⇨ 주술 불일치 문장이다. '소나무가 ~느끼게 한다'는 호응이 되지 않는다.

◇ 흔히 현대 교육의 다양한 문제가 입시 정책의 책임인 것으로 생각한다.

⇨ 주술 불일치 문장이다.

◇ 전쟁을 예방하기 위해서였던 것이다.

⇨ '것'의 의미가 모호하다. 가급적 주어와 대응하여 서술어를 표기하는 것이 적절하다.

◇ 개는 태어나서 죽을 때까지 주인을 섬기며 동반자로 살아간다. 동반자로 살아온 개는 더 이상 동물이 아닌 가족이다.

⇨ 중복된 표현이 있다.

◇ OECD는 국제적으로 통용할 수 있는 행복지표를 발표했다. OECD는 경제적 지표만으로 국가 경쟁력의 순위를 매겨 온 GDP와 같은 지표가 대체되어야 한다고 주장한다.

⇨ 어휘가 중복되고 있다.

◇ 글의 내용을 제대로 이해하기 위해서는 작가와 이야기를 나눈다는 생각으로 적극적인 글 읽기가 필요하다. 특정한 상황 속에서 다른 사람과 이야기를 나누듯이, 작가와 이야기를 하면서 궁금한 것, 새로 알게 된 것 등을 떠올리며 글을 읽어야 한다.

⇨ 서술어가 중복되고 있다.

◇ 토론은 특정한 주제에 대해 찬성이나 반대의 의견을 가지고 그에 대한 근거를 바탕으로 자신의 생각을 주장하는 것이다. 토론은 찬성이나 반대의 입장에서 자신의 생각을 말하는 것이기 때문에 협력하여 문제를 해결하는 토의와 구별된다.

⇨ 필요 없는 문장을 반복적으로 쓰고 있다.

◇ 신문을 읽는 것은 사회적 · 정치적 대화를 나누는 과정이 된다. 그런데 신문 읽기에서 이러한 사회적 · 정치적 대화 나누기가 치우침 없이 올바로 이루어지기 위해서는 신문이 담고 있는 사회적 · 정치적 배경을 잘 이해해야 한다. 신문은 작성된 시대의 사회적 · 정치적 상황을 반영하기 때문이다.

⇨ 필요 없는 문장을 반복적으로 쓰고 있다.

◇ 대학교에 입학하고 나서 가장 힘든 것은 시험을 치르는 것이다. 중 · 고등학교 때와는 다르게 모두 논술 형태로 시험을 치르는 것이다.

시험을 모두 논술 형태로 보는 것은 좋지 않다고 생각한다. 객관적으로 성적을 평가하기 어렵고, 객관식이나 주관식 시험 문제에 비해 그날 컨디션에 따라 시험 결과가 크게 차이가 나기 때문이다.

그리고 무엇보다도 공부를 제대로 하지 않은 학생도 적당히 작성할 수 있기 때문에 평가가 정당하게 이루어지지 않는다고 생각한다.

⇨ 문단의 내용이 모두 같으므로 한 문단으로 통합해야 한다.

◇ 항상 동아리 방에 들어설 때에는 선배와 동기들이 열심히 기타 연습을 하다가도 문이 열리면 들어오는 나를 반갑게 맞으며, 인사를 해 주는 것이었다.

⇨ 절 구성에 오류가 있다.

◇ 위염으로 속이 많이 망가진 그대로 오랜 세월 노인은 방치되었다.

⇨ 절 구성에 오류가 있다. 이러한 형태는 번역문에서 흔히 볼 수 있다.

◇ 드디어 한국의 발전의 시대가 온 것이다.

⇨ 조사 사용에 오류가 있다.

◇ 그녀는 바른 태도로 인기가 많았는데, 대가족 속에서 자란 탓에 예절이

몸에 배었기 때문이다. 5형제 가운데의 첫째로 태어났고, 증조할머니와 삼촌 가족도 함께 살았다고 한다.

⇨ 조사 사용에 오류가 있고, 문장이 일부 수정되어야 한다.

◇ 모두가 대학입학을 위한 공부로 바쁜 가운데에서 스스로의 재능을 계발하기 위한 노력을 지속한 철수가 드디어 그 빛을 발하게 되었다.

⇨ 조사 사용의 오류와 절 구분의 오류가 있다.

◇ 철수는 생명을 무릅쓰고 민주화를 위해 헌신하였다.

⇨ 어휘가 부적합하다.

◇ 철수와 영희는 서로 마주보며 빙긋 미소를 지었다.

⇨ 띄어쓰기 오류다.

◇ 철수에게 업혀가던 영희는 이제야 정신이 들었는지, 고개를 들었다.

⇨ 띄어쓰기 오류다.

◇ 할머니에게는 철수야말로 세상에서 제일 가는 미남이었다.

⇨ 띄어쓰기 오류다.

◇ 그의 선배는 주변사람들을 즐겨 대하며 어려서 인간관계를 잘 형성한 한 덕으로 남부럽지 않은 위치에까지 올랐으며, 건강상으로 아픈 곳이 없다고 할 수는 없으나 등산을 열심히 하는 사람이었고, 가정생활에도 충실하여 쉬는 날에는 가족들과 여행을 즐기며 맛집을 즐겨 찾기도 하였다.

⇨ 연결어미를 반복적으로 사용하여 문장이 너무 길다.

5. 띄어쓰기 기본 원리

'서로의 손을 모아-잡다'라고 할 때, '모아-잡다'는 띄어서 써야 할까, 붙여야 할까? 글을 이해하는 데는 어려움이 없지만 올바로 쓰기 위해서는 혼동이 될 것이다. 띄어쓰기의 원리를 알고 있다면 쉽게 해결할 수 있다.

띄어쓰기의 핵심 원리는 문장의 각 단어를 띄어 쓰는 것이다. 이것은 연이어 나오는 두 요소가 한 단어이면 붙여 쓰고, 한 단어가 아니면 띄어 쓰라는 뜻이다. 앞의 예에서, 연이어 나온 두 요소 '모아'와 '잡다'가 합쳐져서 한 단어로 인정된다면 붙여 쓰면 되고, 그렇지 않다면 띄어 쓰면 되는 것이다. '모아-잡다'가 한 단어인지, 아닌지는 둘 사이에 다른 요소를 삽입할 수 있는지 여부, 중간에 쉼을 둘 수 있는지 여부 등으로 판별한다. 보다 쉬운 방법은 사전에서 확인하는 것이다. 『표준국어대사전』에서는 '모아-잡다'를 한 단어로 보지 않는다. 그러므로 이 말은 '모아 잡다'와 같이 띄어 써야 한다.

국어사전을 이용하면 띄어쓰기의 문제를 쉽게 해결할 수가 있다. 띄어쓰기는 단어를 기준으로 하는데, 사전은 단어를 모아 놓은 것이기 때문이다. 물론 세상의 모든 단어가 다 실려 있지는 않지만 우리가 일상적으로 접하는 말은 거의 다 국어사전에서 확인할 수가 있기 때문에 띄어쓰기를 정확하게 하려면 꼭 국어사전이 필요하다.

사전을 이용할 때 주의할 점은, 사전에는 단어가 아닌 것도 실려 있다는 점이다. 예를 들면, '-었-' '-다'와 같은 어미, '휘-' '-님'과 같은 접사 등도 제시되어 있다. 이런 것들은 단어보다 작은 단위의 의존적 요소이므로 앞이나 뒤에 오는 말에 반드시 붙여 써야 한다. 다른 단어와 달리 표제어에 붙임표 '-'가 달려 있는 것도 바로 이런 이유에서다(국립국어원, 2015). 한글 맞춤법 규정에서 띄어쓰기에 관해 정리된 내용을 살펴보면 다음과 같다(국립국어원, 2015).

첫째, 조사는 독립성이 없기 때문에 다른 단어 뒤에 종속적인 관계로 존재한다. 조사는, 그것이 결합하는 체언이 지니는 문법적 기능을 표시하므로, 그 앞의 단어에 붙여 쓰는 것이다. 조사가 둘 이상 겹쳐지거나, 조사가 어미 뒤에 붙는 경우에도 붙여 쓴다.

꽃이
꽃으로만
집에서처럼
학교에서만이라도
여기서부터입니다
어디까지입니까
나가면서까지도
들어가기는커녕
옵니다그려
"알았다."라고

둘째, 의존명사는 의미적 독립성은 없으나 다른 단어 뒤에 의존하여 명사적 기능을 담당하므로, 하나의 단어로 다루어진다. 독립성이 없기 때문에, 앞 단어에 붙여 쓰느냐 띄어 쓰느냐 하는 문제가 논의의 대상이 되었지만, 문장의 각 단어는 띄어 쓴다는 원칙에 따라 띄어 써야 한다.

아는 것이 힘이다.
나도 할 수 있다.
먹을 만큼 먹어라.
아는 이를 만났다.
네가 뜻한 바를 알겠다.
그가 떠난 지가 오래다.

셋째, 단위를 나타내는 명사는 띄어 쓴다. 다만, 순서를 나타내는 경우나 숫자와 어울리어 쓰이는 경우에는 붙여 쓸 수 있다. 단위를 나타내는 의존명사(수량 단위 불완전명사)는 그 앞의 수관형사와 띄어 쓴다. 다만 수관형사 뒤에 의존명사가 붙어서 차례를 나타내는 경우나, 의존명사가 아라비아 숫자 뒤에 붙는 경우는 붙여 쓸 수 있도록 하였다.

두 개
자동차 한 대
금 한 돈
돼지 한 마리
한복 한 벌
다섯 살
연필 한 자루
한시 삼십분
5학년
오층
2007년 08월 20일
3대대

5미터

넷째, 수를 적을 적에는 '만(萬)' 단위로 띄어 쓴다. 십진법에 의하여 띄어 쓰면, 그것이 합리적인 방식이긴 하지만, 너무 작게 갈라놓는 것이 되어서, 오히려 의미 파악에 지장이 있다는 의견이 많다.

십오억 사천이백오십오만 천오백구십구
15억 4255만 1599

다섯째, 두 말을 이어 주거나 열거할 적에 쓰이는 다음의 말은 띄어 쓴다.

교수 겸 위원장
열 내지 열둘
청군 대 백군
교사, 학생 등이 있다
사장 및 전무
배추, 무 등등
부산, 경남 등지

여섯째, 단음절로 된 단어가 연이어 나타날 적에는 붙여 쓸 수 있다. 앞에서 말한 바와 같이, 글을 띄어 쓰는 것은 그 의미를 쉽게 파악할 수 있도록 하려는 데 목적이 있다. 그런데 한 음절로 이루어진 단어가 여럿 이어지는 경우, 띄어 쓰면 기록하기에도 불편할 뿐 아니라, 시각적 부담을 가중시킴으

삶은 소유물이 아니라 순간순간의 있음이다. 영원한 것은 어디 있는가. 모두 한때일 뿐, 그러나 그 한때를 최선을 다해 최대한으로 살 수 있어야 한다. - 법정 스님

로써 독서 능률이 감퇴될 염려가 있다.

더 큰 이 새 집 → 더 큰 이 새집

그러나 이러한 허용 규정은 단음절어인 관형사와 명사, 부사와 부사가 연결되는 경우와 같이, 자연스럽게 의미적으로 한 덩이를 이룰 수 있는 구조에 적용되는 것이다.

훨씬 더 큰 새 집 → (×) 훨씬 더큰 새집
더 큰 이 새 책상 → (×) 더큰 이새 책상

단음절어이면서 관형어나 부사인 경우라도, 관형어와 관형어, 부사와 관형어는 원칙적으로 띄어 쓰며, 또 부사와 부사가 연결되는 경우에도 의미적 유형이 다른 단어끼리는 붙여 쓰지 않는 게 원칙이다.

더 못 간다 → (×) 더못 간다
꽤 안 온다 → (×) 꽤안 온다
늘 더 먹는다 → (×) 늘더 먹는다

일곱째, 보조용언은 띄어 씀을 원칙으로 하되, 경우에 따라 붙여 씀도 허용한다. 여기서 말하는 보조용언은, '-아/-어' 뒤에 연결되는 보조용언, 의존명사에 '-하다'나 '-싶다'가 붙어서 된 보조용언을 가리킨다. a를 원칙으로 하고, b도 허용한다.

〈표 3-1〉 보조용언 띄어쓰기의 원칙과 허용

a(원칙)	b(허용)
불이 꺼져 간다.	불이 꺼져간다.
내 힘으로 막아 낸다.	내 힘으로 막아낸다.
어머니를 도와 드린다.	어머니를 도와드린다.
그릇을 깨뜨려 버렸다.	그릇을 깨뜨려버렸다.
비가 올 듯하다.	비가 올듯하다.
그 일은 할 만하다.	그 일은 할만하다.
일이 될 법하다.	일이 될법하다.
비가 올 성싶다.	비가 올성싶다.
잘 아는 척한다.	잘 아는척한다.

다만, 앞말에 조사가 붙거나 앞말이 합성 동사인 경우 그리고 중간에 조사가 들어갈 적에는, 그 뒤에 오는 보조용언은 띄어 쓴다.

잘도 놀아만 나는구나!
네가 덤벼들어 보아라.
강물에 떠내려가 버렸다.
그가 올 듯도 하다.
잘난 체를 한다.

그 밖에 다음과 같은 단어는 쉽게 틀리는 띄어쓰기이니 알아 두자.

〈표 3-2〉 쉽게 틀리는 띄어쓰기

틀린 띄어쓰기	올바른 띄어쓰기
이곳 저곳	이곳저곳
여기 저기	여기저기
자리잡고	자리 잡고
얽히고 설킨	얽히고설킨
왜냐 하면	왜냐하면
가끔 가다가	가끔가다가
가져다 주다	가져다주다
갖다주다	갖다 주다
그 동안	그동안
그후	그 후
그외	그 외
다름 없이	다름없이
다름아니라	다름 아니라
마음 먹다	마음먹다
마음놓다	마음 놓다
밤 새	밤새
머지 않아	머지않아
숨 차다	숨차다
숨쉬다	숨 쉬다
숨막히다	숨 막히다
어젯 밤	어젯밤
오늘밤	오늘 밤
지난 봄	지난봄
지난 여름	지난여름
올 봄	올봄

글쓰기 상식 코너

글쓰기 오류 바로잡기 !
– 서로 다른 말 '띠다'와 '띄다' –

그는 스스로 사명을 띠고/띄고 이곳에 왔다고 생각한다.
저 보석은 어두워도 눈에 잘 띈다/띤다.

효과적인 서두 쓰는 법(한국교원대학교, 1995)

1. 사실이나 사건을 쓴다.
   – 사람들은 실화에 호기심을 갖고 있다. 특이한 사건은 더욱 호감을 자극한다.
2. 삽화(본문 줄거리와 관계있으나, 사소한 사건 및 인생 경험의 한 단면 등)을 쓴다.
3. 일화를 쓴다.
   – 유명한 인물의 생활 일면 등을 제시한다.
4. 격언이나 명언을 쓴다.
5. 유명인의 담화(대화 내용)를 인용해 본다.
6. 사람의 눈을 끄는 어구를 써 본다.
   – 상식적으로 생각할 수 없는 기상천외한 발상, 무릎을 치는 역설의 진리 등은 문장에 활력을 준다.
7. 색다른 의견을 제시한다.
   – 상식을 깨뜨리는 주장, 이름 있는 사람의 것을 사용할수록 효과적이다.
8. 본문과 관련이 있는 화제를 쓴다.
   – 자기가 말하고 싶은 사항과 관련된 재료를 먼저 소개하거나 인상에 남는 영화 · 소설 · 견문 따위를 처음에 제시한다.

9. 이야기 형식으로 써 본다.

- 설명문, 보고문 등을 이야기하는 방식으로 쓰면, 독자에게 친밀감을 주고 읽기에 쉽다. 독자는 글보다 말에 익숙하기 때문이다. 대화 형식은 효과적이다.

10. 남의 문장을 인용하여, 거기에 자신의 감상을 덧붙이는 것도 효과적이다.

11. 두 가지의 것을 비교해 본다.

- 유명한 사물이나 저명한 인물 간의 비교를 해 본다.

12. 어의(語義)를 해설한다.

- 말하고자 하는 주제와 관련된 어휘의 개념을 설명하거나, 새로운 유행어 혹은 신어의 소개로 글을 시작한다.

제2부

글쓰기의 실제
- 과정 중심 글쓰기

제4장

과정 중심 글쓰기의 의미

수영을 처음 가르칠 때, 무작정 물에 들어가서 헤엄을 쳐 보라고 하는 경우는 없다. 그 대신에 호흡법부터 시작해, 작은 동작을 하나하나 쪼개어서 가르친다. 글쓰기를 가르칠 때, 일단 무조건 써 보라고 하는 것은 수영을 처음 가르치기 위해 일단 물속에 들어가서 헤엄을 쳐 보라고 하는 것과 같다. 글쓰기를 과정 중심으로 접근하는 것은, 글쓰기를 잘하기 위해 필요한 다양한 요소를 하나씩 차근차근 익혀 나가도록 한다는 것을 의미한다.

1. 과정 중심 글쓰기의 개념과 필요성

과정 중심 글쓰기의 개념과 의의는 결과 중심 글쓰기와 대조할 때 좀 더 잘 이해할 수 있다. 결과 중심으로 글을 쓸 경우, 필자는 일단 한 편의 완결된 글을 완성하는 데에 초점을 맞추게 된다. 그리고 완성된 글에서 잘못된 점을 찾아 고쳐 나가는 순서를 취하게 된다. 이 경우 대부분은 모범적인 글을 보고 구조나 내용을 일단 확인한 뒤 그 방식을 따라 하게 된다. 하지만 대학에서 부여하는 글쓰기 과제의 대부분은 이러한 방식으로는 쉽게 해결되지 않는다.

과정 중심 글쓰기란 간단히 말하면 한 편의 완결된 글을 쓰는 데에 필요한 크고 작은 하위 과정을 스스로의 조절과 통제 아래에 관리하면서 글을 써 나가는 것을 의미한다. 한 편의 완결된 글을 작성하는 것을 목적으로 하는 것은 동일하지만, 1차적으로 최종 결과물이 아닌 글을 쓰는 과정에 초점을 맞추는 것이다. 이러한 방식으로 글을 쓸 때에는 한 편의 글을 완성하기 위해 수행해야 하는 다양한 작업을 보다 작은 단위로 쪼개어 접근하게 된다. 글을 완성하기 위해 수행해야 하는 단계에는 계획하기, 자료 수집 및 정리하기, 개요 작성 및 구성하기, 집필하기, 수정하기 등과 같은 것들이 있다.

과정 중심 글쓰기의 개념은 본래 글쓰기 교육을 연구하는 사람들이 어떻게 하면 글쓰기를 더 잘 가르칠 수 있을까를 고민한 결과, 그 방법을 제안하면서 부차적으로 제시한 것이다(이재승, 2002). 과정 중심 글쓰기를 강조하는 이들은 글쓰기 행위를 일종의 '문제해결' 행위로 간주한다(Flower, 1998). 한 편의 글을 쓰는 과정을 거대한 문제 상황으로 설정하고, 보다 작은 문제로 이를 쪼개어 각각을 해결함으로써 글쓰기를 하면서 겪게 되는 부담을 줄여 나갈 수 있다고 보는 것이다. 이러한 입장에서 보자면 글쓰기는 스스로를 숙련해 나가는 과정이자 학습의 과정이 된다. 또한 글쓰기의 각 과정을 필자 스스로 조절할 수 있는 능력이 중시되며, 완성된 결과물보다는 글쓰기 하위 과정의 각각을 부각한다.

대학에서 글쓰기를 공부하는 학생들은 '성인'으로서, 적절한 글쓰기 교육을 이수하였다면 최종적으로 외부의 도움 없이도 스스로 자신의 글쓰기 과정을 조절하고 통제하여 성공적으로 부과된 과제를 해 나갈 수 있어야 한다. 그렇기 때문에 과정 중심 글쓰기는 본래 가르치는 사람의 편의를 위해

도입된 개념이지만, 대학생 필자들에게는 스스로 익혀 두어야 하는 학습 내용이라고 할 수 있다.

2. 과정 중심 글쓰기의 원리와 방법

글쓰기를 일련의 문제해결 과정으로 보게 되면, 글쓰기 능력 신장을 위해서 다음의 두 가지를 학습하는 것이 도움이 되겠다는 생각이 들게 된다. 첫째는 글쓰기가 일련의 문제해결 과정으로 구성되어 있다는 점 자체를 이해하고, 여기에서 도출된 다양한 글쓰기 과정의 특징을 자신의 글쓰기 수행에 적극적으로 활용하려는 태도를 갖는 것이다. 이는 과정 중심 글쓰기의 원리에 해당한다. 둘째는 각각의 하위 과정에서 사용할 수 있는, 문제해결에 도움이 되는 방법을 학습하는 것이다. 이는 과정 중심 글쓰기의 방법에 해당한다.

이 두 가지 요소는 능숙한 필자들이 공통적으로 갖추고 있는 특징이기도 하다. 미숙한 필자들에 비해, 능숙한 필자들은 글쓰기 과제를 접했을 때 이를 해결해야 할 일련의 문제 상황으로 인식한다. 그리고 자신의 쓰기 계획을 일정한 단계에 따라 계획하고 보다 효율적으로 목표에 도달할 수 있는 방법을 떠올린다(박영목, 2008).

글쓰기 과정에 대한 원리와 방법은 매우 다양하기 때문에 요약해서 제시하기 어렵다. 최근의 글쓰기 교육 연구의 흐름은 이러한 교육 내용을 상당히 풍부하게 개발해 놓고 있다. 제2부는 이러한 과정 중심 글쓰기의 원리와 방법에 대한 내용을 중점적으로 다루고 있다.

논자에 따라 일정한 차이를 보일 수 있겠으나, 이 교재에서는 글쓰기 과정을 계획하기 – 자료 수집 및 정리하기 – 개요 작성 및 구성하기 – 집필하기 – 검토 및 고쳐쓰기로 구분하고자 한다. 다음은 글쓰기 과정을 시각화한 것이다.

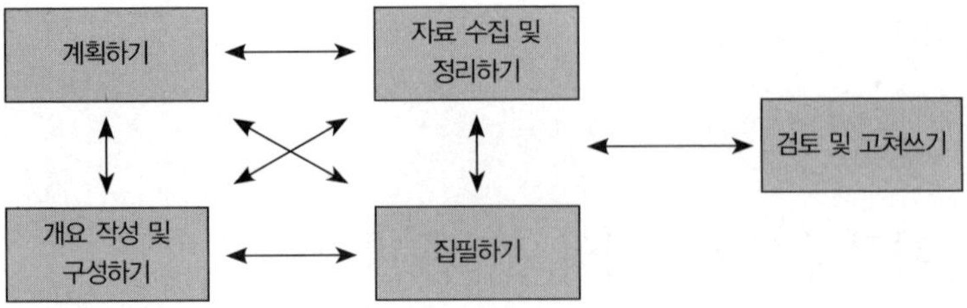

[그림 4-1] 글쓰기 과정

가장 기초적으로 이해해야 할 부분 중의 하나는, 각각의 과정은 순서대로 일어나지 않는다는 점이다. 각각의 과정이 역동적이면서도 회귀적으로 일어난다는 점은 과정 중심 글쓰기에서 알아 두어야 할 상당히 중요한 원리다. 또한 각 하위 과정은 일정한 특성이 있다는 점 역시 글쓰기를 할 때 알아 두어야 할 중요한 정보가 된다. 그리고 각 단계마다 사용할 수 있는 방법에는 어떠한 것이 있는지, 그리고 그것을 실제로 어떻게 사용해야 하는지를 아는 것은 과정 중심 글쓰기를 잘하기 위한 방법에 해당한다.

3. 과정 중심 글쓰기 학습 시의 유의점

1) 일정한 원리나 방법을 지식적인 면에서 익혀 두어야 한다

자전거를 타 본 적이 없는 사람이 자전거 타는 방법을 책으로 배우면 자전거를 잘 타게 될까? 자전거 타기는 언어로 설명하는 것이 어렵거나 혹은 불가능한 지점이 존재한다. 자전거를 잘 타는 사람에게 그 방법을 언어로 표현해 보라고 해도 전달하는 데에는 한계가 따른다. 그렇기 때문에 실제로 해 보는 것이 매우 중요하다. 그리고 이를 통해 '체득'해야 한다.

하지만 글쓰기는 자전거 타기와는 비교할 수 없을 정도로 복잡하다. 자전거 타기는 한번 익숙해지면 그다음부터는 별다른 주의를 기울이지 않아도 쉽게 탈 수 있다. 하지만 글쓰기는 좋은 글을 완성해 본 경험이 아무리 많을지라도 새로운 글을 쓸 때 항상 어려움을 겪는다. 이는 글쓰기를 전문적으로 하는 작가들의 경우에도 마찬가지다. 과정 중심 글쓰기와 관련된 원리나 방법을 지식적인 면에서 익혀 두어야 하는 필요성은 여기에 있다.

2) 일정한 원리나 방법을 실제 글쓰기 활동에 적용할 수 있어야 한다

과정 중심 글쓰기의 원리나 방법을 열심히 공부했다고 해서 글을 잘 쓸 수 있게 되는 것은 아니다. 이는 운전면허를 취득하기 위해 열심히 책으로만 공부하는 것에 비유할 수 있다. 운전면허를 취득하기 위해서는 자동차 운행과 관련된 일정한 원리와 방법을 이론적인 차원에서 익혀 두어야 한다. 하지만 이를 아무리 열심히 공부해도, 저절로 운전을 잘하게 되는 것은 아니다. 실제로 운전 연습을 해 보면서 이론적으로 익힌 원리와 방법을 자신의 운전 실력으로 전환해야 한다. 글쓰기 역시 마찬가지다. 과정 중심 글쓰기와 관련된 원리나 방법은 실제 글쓰기 활동을 통해 '체득'되어야 한다. 과정 중심 글쓰기와 관련된 원리나 방법을 아무리 풍부하게 익혔다 하더라도 실제 글쓰기를 할 때 활용되지 않는다면 그 내용은 죽은 것이나 다름없다.

3) 선조화, 분절화의 오류를 경계해야 한다

과정 중심 글쓰기를 학습할 때 조심해야 할 점이 있다. 바로 선조화의 오류를 범할 가능성이 있다는 점이다. 여기서 선조(線條)란, 요소들이 연결되어 이루는 줄을 의미하며, 선조적이라는 말은 하나로 이어져 있다는 뜻이다.

그렇기 때문에 선조화의 오류란, 일련의 글쓰기 과정이 순서대로 일어난다고 생각하는 것을 의미한다. 글쓰기 과정을 연구한 많은 이들이 글쓰기 과정의 회귀성과 상호작용성, 병렬성을 이구동성으로 강조했지만, 글쓰기 과정을 처음 학습할 때에는 각각의 과정을 분리된 것으로 접하기 때문에 선조적인 것으로 파악할 가능성이 높다.

이와 더불어 경계해야 하는 것 중의 하나는 분절화의 오류다. 분절화의 오류란, 실제 글을 쓸 때 각각의 과정이 분리되어 일어난다고 생각하는 오류다. 학습과 설명의 편의를 위해 글쓰기의 하위 과정을 구분해서 제시하지만, 실제로 글을 쓸 때 머릿속에서 일어나는 과정을 칼로 자르듯 분리하는 것은 상당히 어려운 일이다. 그렇기 때문에 글쓰기 과정을 분리하는 것은 학습의 편의를 위해서일 뿐, 실제로 글을 쓸 때에는 엄밀하게 분리되지 않는다는 점을 분명히 인식할 필요가 있다.

4. 과정 중심 글쓰기와 자기 조절

과정 중심 글쓰기 연구자들이 이구동성으로 강조하는 것이 하나 더 있다. 바로 자기 조절이다. 대부분의 경우 글쓰기는 혼자서 하게 된다. 글을 쓰려고 한참을 고민하더라도 한 줄도 더 나가지 못하는 경우도 있고, 완성된 글을 써 놓고도 마음에 들지 않아 한참을 고치거나 심지어 다시 쓰는 경우도 종종 있다. 이처럼 글쓰기는 결코 쉽지 않은 과정의 연속이다.

글쓰기는 쉽지 않기 때문에 성공적으로 한 편의 글을 완성하기 위해서는 높은 수준의 자기 조절 능력이 필요하다. 여기에는 글을 쓰고자 하는 동기나 의지도 중요하게 작용하며, 스스로의 글쓰기 과정을 상당한 수준으로 조절하고 점검할 수 있는 능력도 매우 필요하다. 높은 수준의 자기 조절 능력은 미숙한 필자들보다 능숙한 필자들에게서 두드러지게 나타나는 특징이다.

적절한 자기 조절 능력을 갖추고 있는 필자는, 일반적으로 다음과 같은 특징을 보인다(Zimmerman & Kitsantas, 2007). 첫째, 자신이 글을 쓰는 목적이나 맥락을 정확하게 인식한다. 둘째, 자신의 쓰기 능력을 정확하게 인식한 상태에서 글쓰기 계획을 세워 나간다. 셋째, 글을 쓰는 과정에서 스스로의 상태를 점검하는 것은 물론, 작성 중인 글을 지속적으로 점검하고 글쓰기 과정을 조정한다.

과정 중심 글쓰기를 공부하면서 자기 조절 능력을 신장하기 위해서는 글을 쓰는 중에 수시로 다음과 같은 질문에 스스로 답을 해 보는 훈련을 하는 것이 도움이 된다(한철우, 성낙수, 박영민, 2003a).

〈계획하기〉

- 글을 쓰는 목적이 무엇인지 생각하는가?
- 글의 목적을 달성하기 위해 어떤 전략이 필요한지 고려하는가?
- 독자가 누구인지 분석하는가?
- 글쓰기에 필요한 시간을 미리 따져 보는가?

〈자료 수집 및 정리하기〉

- 글감과 관련해 알고 있는 모든 것을 떠올리기 위해 노력하는가?
- 글을 쓰기 위해 필요한 정보를 충분히 모았는가?
- 수집한 내용이 주제에 맞는가?

〈개요 작성 및 구성하기〉

- 문단과 문단의 연결을 자연스럽게 조직하는가?
- 더 좋은 전개 방법을 찾기 위해 노력하는가?
- 글의 완결성을 고려하여 내용을 조직하는가?

〈집필하기〉

- 내 생각이 잘 드러나는가?
- 독자에 맞는 어조를 유지하고 있는가?
- 지금 쓴 단어가 적절한가?

〈검토 및 고쳐쓰기〉

- 독자의 이해를 돕기 위해 글의 구조를 조정하는가?
- 표현이 어색한 부분을 확인하고 바로잡는가?
- 전체적인 의미가 잘 전달될 수 있도록 수정하는가?

It is no play where one greets and another laughs. 한 사람은 울고 다른 사람은 웃는 것은 안 된다.
– 외국 속담

글쓰기 상식 코너

글쓰기 오류 바로잡기 !
– 번역체 표현 –

연기에의 집념/연기에 대한 집념
기록에는 만년필이 사용되어졌다./만년필이 사용되었다./만년필을 사용하였다.
그는 영웅에 다름 아니다./그는 영웅이나 다름없다.
외국어를 공부함에 있어서 왕도는 없다./외국어를 공부하는 데 왕도는 없다.
한국의 물가는 중국의 그것보다 높다./한국 물가는 중국보다 높다.
우리 대학은 강 옆에 위치한다./우리 대학은 강 옆에 있다.
취업 기회가 주어졌다./취업 기회가 생겼다.
그는 우리 학번에서 성적이 가장 좋은 학생 중 한 명이다./그는 우리 학번에서 특히 성적이 좋은 학생 중 한 명이다.

중국 송나라 시대 구양수(歐陽脩)의 삼다법(三多法)

중국 송나라 시대 문장가인 구양수는 글쓰기를 잘 하기 위한 삼다법을 제안하였다. 이 방법은 매우 오래 전에 제안되었지만, 여전히 많은 이가 이 방법을 글쓰기 능력 신장을 위한 정도(正道)로 여기고 있다.

다독(多讀) : 좋은 글과 좋은 문장을 많이 읽는다.
다작(多作) : 많이 써 본다.
다상량(多商量) : 많이 생각을 해 본다. 여기서 상량이란, 이것인지 저것인지 마음으로 저울질한다는 뜻이다.

제5장

계획하기

이번 학기에 수강하고 있는 과목 중에 부과된 과제를 떠올려 보자. 혹은 지난 학기에 수강한 과목 중에서 수행했던 글쓰기 과제의 주제를 떠올려 보자.

→ 어느 학기였는가?

→ 어떤 교수님이 담당하는, 어떤 과목이었는가?

→ 과제가 요구한 내용은 무엇이었나?

1. 계획하기 단계의 개념과 특징

많은 학생이 다음과 같이 글쓰기의 어려움을 호소한다. "보고서의 주제가 주어졌는데 어디에서부터 손을 대야 할지 모르겠다." "교수님은 문제의식을 찾으라고 하는데, 혹은 자기 스스로의 생각이 중요하다고 하는데, 이게 뭘 뜻하는지조차도 아리송하다." 이러한 어려움이 발생하는 1차적인 원인은 계획하기 과정에서 해결해야 할 문제가 원활하게 해결되지 않았기 때문이다.

계획하기 단계란 말 그대로 글을 쓰기 전에 어떠한 글을 쓸 것인지 계획을 세우는 단계를 의미한다. 글쓰기에 능숙한 필자들은 계획을 세우는 데에 매우 많은 시간을 보내는 것으로 알려져 있다. 비단 글쓰기뿐만이 아니다. 간단하지 않은 어떤 문제 상황을 해결해야 한다면, 사람들은 흔히 계획을 세움으로써 문제를 보다 효과적으로 해결하고자 시도한다. 그리고 문제가 복잡하면 복잡할수록, 계획을 세우는 데에는 더 많은 시간과 노력이 필요하다. 글쓰기 역시 많은 문제 상황을 해결해 나가야 하는 작업이기 때문에, 글쓰기 과제가 요구하는 것이 많으면 많을수록 계획하기에 공을 들여야 한다.

글쓰기 과정 중 계획하기 단계와 관련해서는 크게 세 가지를 분명히 알아두어야 한다. 첫째, 예상 독자를 분명히 하고 이에 대한 대응 방안을 마련해야 한다. 둘째, 글을 쓰는 목적을 분명히 하고 아울러 주변 맥락을 분석해야 한다. 셋째, 주어진 과제를 자신이 다룰 수 있는 수준으로 구체화해야 한다. 이어지는 절에서 이들 내용을 구체적으로 살펴보겠다.

2. 예상 독자 분석

1) 예상 독자의 개념

간단히 말하면 예상 독자란 '글을 쓰는 사람이 인식하고 있는, 글을 읽을 사람'을 의미한다. 예상 독자를 명확하게 떠올리고, 글을 쓸 때 이에 대한 대응 방안을 마련하는 능력은 능숙한 필자에게서만 나타나는 특징이다. 이제 막 글쓰기를 배우기 시작한 초등학교 저학년 학생은 예상 독자를 거의 인식하지 못하지만, 점차 성장해 나가면서 글을 읽을 사람의 기대에 부응하거나 혹은 좀 더 높은 점수를 받기 위하여 글 속에 예상 독자를 만족시킬 만한 내용을 포함하곤 한다. 하지만 예상 독자를 명확하게 인식하여 이에 대한 적절하고 효과적인 대응 방안을 마련하면서 글을 쓰는 것은 저절로 이루어지는 쉬운 일이 아니다.

예상 독자를 떠올리는 것이 쉽지 않은 이유는, 글을 쓰는 동안에는 글을 읽을 사람이 눈앞에 없기 때문이다. 얼핏 보아서는 당연한 듯 보이는 이 설명은, 글쓰기 학습에서 상당한 함의를 갖고 있다. 예상 독자는 그 자체로 독립적인 대상으로 존재하는 것이 아니라 필자가 설정한 가상의 존재다. 글을 쓰는 사람이 아무리 글을 읽을 사람에 대해서 잘 알고 있을지라도, 예상은 빗나가게 마련이다. 그뿐만 아니라 대학에서 쓰게 되는 글의 예상 독자는 대부분 과제를 부과한 교수님이다. 자신보다 나이도 많고 지식이나 정보의 측면에서 확연한 차이를 보이는 교수님이 자신의 글을 읽으면서 어떠한 생각을 하고 어떠한 반응을 보일지를 예측하면서 글을 쓰는 것은 결코 쉬운 일이 아니다. 그렇기 때문에 예상 독자를 설정하고 요구를 파악하여 이를 만족시킬 수 있는 글을 쓰기 위해서는 일정한 원리와 방법을 학습할 필요가 있다.

2) 예상 독자 설정 및 요구 파악과 이에 대한 대응

다음은 매우 능숙한 필자라고 할 수 있는 전문 필자들이 쓴 글의 일부다. 두 필자가 예상 독자를 어떻게 설정했는지를 직접적으로 밝히고 있다. 또한 설정한 예상 독자들을 위해 어떠한 식으로 대응했는지에 대해서도 소개하고 있다.

(가) 내가 이 글을 쓰고 있는 동안에 세 부류의 가상 독자들이 어깨 너머로 집필을 지켜보았다. 이제 이들에게 이 책을 바친다. 이 세 부류의 독자 중 첫 번째는 생물학에 문외한인 일반 독자들이다. 그들을 위해 가능한 전문적인 특수 용어 사용을 피했고, 전문적인 용어를 사용해야 하는 곳에는 그 용어에 대한 명확한 뜻을 설명했다. …… 〈중략〉 …… 두 번째 가상 독자는 전문가였다. 그는 몇 가지 나의 유추와 비유에 대해 날카롭게 비판했다. 그가 좋아하는 문구는 "~은 예외로 하고" "그러나 한편으로는" "우(혐오, 경멸, 공포 따위를 나타냄)"다. 나는 그의 비판을 주의 깊게 들었고 심지어 그를 만족시키기 위해 한 장(章)을 완전히 다시 썼다. …… 〈중략〉 …… 내가 생각했던 세 번째 독자는 문외한에서 전문가로 이행하고 있는 학생이다. 만약 어떤 학생이 아직도 자신의 전공 선택을 결정하지 못했다면 나의 전공 분야인 동물학을 고려해 보라고 권하고 싶다. …… 〈중략〉 …… 이미 동물학에 전념하고 있는 학생들을 위해 이 책이 어느 정도 교육적 가치가 있기를 바란다. 학생들이 전공 논문과 내 논법의 기초가 된 전문 서적을 공부할 때 원전을 소화해 내거나 이해하기 힘든 부분이 많을 것이다. 그럴 때 아마도 나의 비수학적인 해설이 개론서와 참고 서적을 이해하는 데 도움이 될 것이다(Dawkins, 2002).

(나) 나는 오스트랄로피테쿠스나 손도끼에 대해 한 번도 들어 보지 못한 독자라도 선사시대에 일어난 일을 쉽게 이해할 수 있는 책을 쓰고 싶었다. 하지만 이 책을 통해서 마음의 진화에 대한 새로운 이론을 제시하겠다는 욕심도

있었다. 그 이론을 심사해야 할 학계에 몸담은 독자들은, 일반 독자에게는 지루할 정도로 세세한 부분까지 그 근거를 확인해야 할 것이다. 이런 분들을 위해서 본문의 주장을 보충 설명하는 방대한 주를 마련해 놓았다. 이 주는 고고학 기록과 인류 진화의 복잡한 내용을 파악하고 싶어 하는 학생들에게도 도움이 될 것이다.(Mithen, 2001).

(가)의 글을 쓴 필자는 크게 세 부류의 '가상 독자'를 설정했다. 첫째로 설정한 가상 독자는 생물학에 문외한인 일반 독자다. 생물학에 대한 지식이 없기 때문에 당연히 생물학 분야의 전문 용어를 알아듣지 못한다. 이들을 위해 (가)의 필자는 전문적인 특수 용어 사용을 가급적 피했고 어쩔 수 없이 전문 용어를 써야 하는 상황에서는 용어에 대한 명확한 뜻을 설명했다.

둘째로 설정한 가상 독자는 생물학 분야의 전문가다. 글을 쓴 필자는 아직 가상 독자가 책을 읽지 않은 상태임에도 불구하고, 이미 전문가인 가상 독자가 글을 읽고 자신에게 논평을 한 것처럼 써 놓았다. 이러한 진술을 표면적으로만 받아들인다면 '거짓말'을 한 것이라 볼 수도 있다. 하지만 이러한 표현은 예상 독자라는 것이 (가)의 필자가 설정한 가상의 존재라는 점을 잘 보여 주는 것이다. 필자는 자신이 쓴 글에 대해 전문가인 독자들이 어떻게 반응할 것인지를 '예상'했고, 그 예상 결과에 따라 글의 내용을 수정한 것이다.

셋째로 설정한 가상 독자는 생물학을 공부하고 있는 학생이다. 혹시라도 이 책으로 글쓰기를 공부하는 학생 중 생물학을 공부하는 학생이 있다면, 그는 (가)의 필자가 설정한 예상 독자이기도 하다. (가)의 필자는 생물학을 공부하는 학생들을 위해 세부 분야인 동물학을 더 공부해 볼 것을 추천하고, 책과 관련된 당부의 말을 남겼다.

(나)의 필자 역시 세 부류의 독자를 설정했다. 첫째는 '오스트랄로피테쿠

스나 손도끼에 대해 한 번도 들어 보지 못한 독자'라고 했는데, 이는 (가)에서 말한 '문외한'과 상당한 정도로 일치한다. 이들을 위해서 (나)의 필자는 책을 쉽게 썼다고 밝히고 있다. 둘째는 자신의 이론을 심사해야 할 학계에 몸담은 독자들로, (가)에서 말한 전문가와 유사하다. 그런데 대응 방식에서는 차이를 보인다. (가)의 필자는 전문가 독자의 반응을 예상하고 글을 다시 썼지만, (나)의 필자는 전문가 독자를 위해 세세한 부분까지 주를 마련해 놓았다. 세 번째 예상 독자 역시 학생들로 일치하는데, 이들을 위해 어떠한 대응을 했는지에 대해서는 명확하게 밝히지 않았다.

(가)와 (나)의 필자는 서로 다른 주제로 글을 썼지만, 세 부류의 예상 독자를 설정하고, 이들 각각을 위해 일정한 대응 방식을 마련하여 글의 내용에 이를 반영했다는 공통점이 있다. 이들은 전문적인 필자들이지만, 대학에서 이루어지는 글쓰기 역시 이와 크게 다르지 않다.

이제 전문적인 필자가 아니라 이 책으로 글쓰기를 학습하고 있는 대학생의 입장으로 돌아가 보자. 대학생들에게 교수님은 왜 보고서 등과 같은 글쓰기 과제를 부과할까? 이 질문은 대학에서의 글쓰기 능력 신장을 위해 매우 중요한 의의를 갖는다. 왜냐하면 대학에서 써야 하는 거의 모든 글의 예상 독자는 바로 교수님이기 때문이다. 이 질문은 '내가 쓴 글을 읽게 될 예상 독자는 나의 글에서 무엇을 기대하는가?'라는 질문과 매우 밀접한 관련을 맺고 있는 것이다.

교수님들에게 글쓰기 과제를 부과하는 이유를 여쭤 본다면 그 답변은 매우 다양하겠지만, 다음과 같은 점에는 거의 모든 교수님이 동의할 것이다. 바로 '학생들이 스스로 공부하도록 하기 위해서'라는 점이다. 대학에서 과제로 부과되는 글쓰기는 대부분 일정한 서적이나 자료를 읽어야 하고, 특정 주제에 대해 스스로 조사하거나 연구해야만 제대로 쓸 수 있는 것이다. 또한 비판적 안목을 갖추기 위해 노력하거나 자신의 생각을 논리적으로 전개할 수 있어야만 좋은 평가를 받을 수 있는 경우가 많다. 블로그에 자신의 일상을 적어 나가는 것과 같은, 앉은 자리에서 글을 쓰기만 하면 되는 글쓰기 과제가 부과되는 경우는 거의 없다. 결국, 대학에서 부과되는 글쓰기 과제를 잘하기 위해서는 스스로 상당한 정도의 공부를 해야만 하는 것이다.

이러한 점을 고려해 본다면, 예상 독자인 교수님의 요구를 만족시키기 위해서는, 본격적으로 과제를 써 내려가기 전에 일정 수준 이상의 자료 읽기를 통해 공부를 해야 한다는 결론에 도달하게 된다.

도입 부분에서 답했던 글쓰기 과제의 내용에 대해 생각해 보자. 나는 그 주제에 대해서 어느 정도나 알고서 과제 글을 쓰려고 했나(혹은 썼나)?

실천 활동

1 자신이 관심 있거나 좋아하는 책, 영화, 운동(스포츠), 취미활동 등을 친구들에게 소개(설명)하는 글을 쓰되, 좋아하게 된 이유를 포함하여 쓰시오.

2 다음과 같이 예상 독자 떠올리기 활동을 해 보시오.

(a) 내가 쓴 글을 읽을 사람을 구체적으로 떠올린다면 누구인가?

(b) 읽는 사람이 지루해하지 않으려면 어떻게 해야 하는가?(어떤 내용을 넣어야 하는가?)

(c) 읽을 사람을 글쓰기 교과목을 담당하고 있는 교수님으로 바꾸더라도 앞에서 떠올린 방법이 효과적인가? 그렇지 않다면 무엇을 어떻게 변화시켜야 하는가?

3 다음과 같이 예상 독자에 대해 대응하는 활동을 해 보시오.

(a) "~(이)라고 생각할지도 모른다. 하지만"을 포함하여, 설명하고자 하는 글에 들어갈 수 있는 두 문장 이상의 글을 쓰시오.

(b) 자신이 작성하고 있는 글을 읽을 것으로 예상되는 사람이, 그 글의 내용과 관련된 어떤 경험이나 지식을 갖고 있을지 예상해 보시오. 그리고 그 내용을 글 속에 포함하려면 어떠한 방식으로 서술해야 할지 떠올려 보시오.

(c) 글을 읽을 사람이 주제와 관련하여 알고 있는 내용은 아니지만, 그 글을 이해하기 위해서 반드시 알고 있어야 할 내용에는 무엇이 있을지 떠올려 보시오.

4 자신이 임의로 선정한 예상 독자를 고려하여, 한 편의 완결된 글을 작성해 보시오.

南柯一夢(남가일몽): 한때의 헛된 부귀.

3. 목적 설정 및 맥락 분석

계획하기 단계에서 중요하게 해결해야 할 문제 중의 하나는, 자신이 글을 쓰는 목적이 무엇인지를 명확히 하는 것이다. 글을 쓰는 사람이야 머릿속에 하고 싶은 말이 있으니 글을 쓰고 나서 상대방이 잘 이해할 것이라 생각하지만, 독자의 입장에서는 글쓴이가 무엇을 말하고자 하는지 이해하기 어려운 경우가 많다. 이러한 상황이 발생하는 이유 중의 하나는 글을 쓰는 목적을 명확히 하지 않았기 때문이다.

어떤 상황에서는 매우 좋은 글이라고 칭찬을 받은 글이, 상황이 바뀔 경우에는 좋지 않은 글이 될 수도 있다. 그렇기 때문에 어떠한 목적으로 쓰느냐는 좋은 글을 결정짓는 데에 매우 중요한 영향을 미친다. 글의 목적이란 글을 쓰는 이가 글쓰기를 통해서 달성하고자 하는 바를 말한다. 거시적으로는 정보 전달, 친교, 정서 표현, 설득 등으로 구분하지만 미시적으로 바라본다면 글의 목적은 주어진 상황 맥락에 따라 모두 크고 작은 차이를 보인다.

글을 쓰는 목적을 분명히 하기 위해서는 우선 글의 화제나 글의 독자를 함께 다루는 것이 적절하다. 단순하게 예를 들면 다음과 같다.

〈예시〉

글의 화제: 나는 비정규직 문제에 대한 글을 쓰겠다.

글의 독자: 이 과제를 부과한 교수님은 대학생들이 비정규직 문제를 자신의 일처럼 생각해야 한다고 말씀하시곤 하셨다.

글의 목적: 나는 비정규직 문제의 심각성을 명확하게 보여 주고자 한다.

실천 활동

■ 앞의 〈예시〉와 같이, 자신이 작성해야 하는 글쓰기 과제의 화제, 독자, 목적을 정리해 보시오.

글의 화제: ____________________

____

____

글의 독자: ____________________

____

____

글의 목적: ____________________

____

____

대부분의 경우 글을 쓰는 목적을 명확히 하려면 보다 자세하게 글쓰기와 관련된 맥락을 분석해야 한다. 글쓰기 환경을 구성하는 맥락에는 앞에서 살펴본 예상 독자 외에도 여러 가지가 있다. 글쓰기의 맥락이란 글을 쓰는 데에 작용하는 물리적, 정신적 요인을 총칭하는 것이기 때문에 그 범위가 매우 넓지만, 여기에서는 대학에서 주로 이루어지는 글쓰기에 초점을 맞추어 살펴보고자 한다.

대학에서 학생들이 글을 쓰게 되는 상황의 대부분은 '과제'다. 과제가 주어진 맥락은 크게 두 가지로 구분해서 살펴볼 수 있다. 첫째는 교수님이 과제를 부과하면서 직접적으로 요구한 내용이다. 언제까지 제출해야 하는지, 워드로 해야 하는지 손으로 써서 내야 하는지, 주제는 무엇인지, 참고 자료가 지정되어 있는지, 분량은 제한이 있는지, 반드시 들어가야 하는 내용은 무엇인지 등과 관련해 교수님이 지정해 주는 내용은 모두 과제 맥락이라고 볼 수 있다.

둘째 맥락은 교수님이 수업을 통해 궁극적으로 학생들에게 기대하는 목표다. 과제를 부과할 때 명확하게 언급을 하지 않았다 하더라도, 대학 수업에서 부과되는 모든 과제는 그 수업의 목표를 달성하는 데에 초점이 맞추어지게 된다. 바로 이 점을 분명하게 이해해야 과제 맥락을 분명하게 설정할 수 있다.

보고서 다운로드 사이트에서 몇 푼의 돈을 주고 과제를 내려받아 제출하는 것은 윤리적인 면에서 절대로 피해야 하지만, 과제의 맥락 분석 차원에서 살펴보더라도 현명하지 못한 행위다. 내려받은 보고서를 작성한 사람이 자신이 수업을 듣는 교수님이 요구한 과제의 맥락을 알고 있을 리 없고, 그렇기에 당연히 교수님의 요구 사항을 제대로 반영하고 있지 않을 것이기 때문이다. 양심의 가책을 느끼며 제출한 과제로 교수님을 속이는 데 성공했을지라도, 과제 맥락이 제대로 반영되지 않은 과제로 좋은 평가를 받게 될 리는 없을 것이다.

그렇다면 과제 맥락을 잘 분석하기 위해서는 어떠한 방법을 사용해야 할까? 여기에는 크게 두 가지 방법이 있다. 첫째는 평소 교수님이 수업 시간에 강조하는 내용이 무엇인지를 귀를 기울여 듣는 것이다. 둘째는 강의 계획서를 분석하는 것이다. 대부분의 강의 계획서는 비교적 앞부분에 교과목의 목적이나 목표를 분명하게 언급해 두고 있다. 교과목의 목적이나 목표는, 비록 교수님이 분명하게 이야기하지 않았더라도, 글쓰기 과제의 목표와 상당한 수준으로 일치하기 마련이다.

다음은 '한국 사회의 이해'라는 교과목의 강의 계획서에 제시되어 있는 '수업의 개요 및 목표'에 해당하는 내용이다.

강의 계획서

교과목명	한국 사회의 이해	학점/주당시간	3/3
이수구분	교선	소속	교양학부
주수강대상	0학년	선이수과목	없음

1. 수업의 개요 및 목표

한국 사회의 제반 사회현상을 이해하기 위해 오늘날 우리 사회를 형성한 구조적 요인을 살펴보고, 이를 바탕으로 우리 사회가 현실적으로 당면하고 있는 사회 · 문화 · 정치적 과제를 설정하고 그것을 해결할 수 있는 방안을 찾고자 한다.

이 수업에서 글쓰기 과제로 부과된 내용은 "한국 사회가 '자살 공화국'이란 오명을 얻고 있다. 이 점에 대한 보고서를 A4 5매 이내로 작성하여 제출하시오."이다. 과제만 보아서는 어디에서부터 접근해야 할지가 쉽지 않다. 하지만 상당히 많은 교과목이 이와 같이 '구체적이지 않은' 방식으로 과제를 부과한다.

이때 사용할 수 있는 방법 중의 하나가, 수업 목표에 등장하는 중요한 단어나 표현을 살펴보는 것이다. 수업 목표에 제시되어 있는 중요한 단어로는 '한국 사회 제반 현상' '구조적 요인' '현실적으로 당면하고 있는 ~과제를 설정' '해결할 수 있는 방안' 등을 들 수 있다. 이러한 점들에 비추어 생각해 본다면, 교수님이 과제를 부과한 의도는 다음과 같은 것이라고 추정할 수 있다. '자살 공화국이란 오명을 얻을 정도로 한국의 높은 자살률은, 관심을 가져야 할 중요한 현상이다. 이러한 현상이 발생하게 된 구조적 요인을 학생들이 스스로의 관점에서 진단해 보고, 이러한 문제를 해결할 수 있는 방안을 현실적인 차원에서 고민한 뒤, 그 결과를 보고서로 제출해 주었으면 좋겠다.' 곧, 이 내용이 바로 글을 써야 하는 맥락을 분석한 결과인 것이다.

실천 활동

1 글쓰기 과제가 이미 부과되었거나, 부과될 것으로 예상되는 교과목의 강의 계획서를 찾아 보시오.

(a) 과목 이름은 무엇인가?

____

____

(b) 과제의 요구 사항은 무엇인가?

____

____

____

(c) 수업 목표에 등장하는 핵심적인 단어나 표현은 무엇인가?

____

____

(d) 수업의 개요 및 목표와 연관 지어 보았을 때, 교수님이 왜 이 과제를 부과했을 것이라 고 생각하는지 설명하시오.

2 앞의 (C)에서 찾아낸 핵심 단어 혹은 표현 중 한 가지를 선정하여, 브레인스토밍을 해 보시오.

[브레인스토밍 방법 안내]

※ 생각을 멈추지 않고 일정한 시간 동안 지속적으로 전개하며 떠오르는 내용을 단어의 형태로 적는다.

※ 떠오른 내용을 평가하거나 점검하지 않는다. 특히 문법적인 면이나 정서법은 고려하지 않는다.

※ 생각이 잘 떠오르지 않을 경우, 다음과 같은 질문을 스스로에게 적절히 던져 본다.

- 써야 할 주제는 무엇인가?
- 주제와 관련된 사람은 누구인가?
- 왜 이 주제를 선정하였는가?
- 이 주제와 관련된 단어는 무엇인가?
- 이 주제가 특별한 점은 무엇인가?
- 이 주제에서 중요하게 다루어야 하는 부분은 무엇인가?

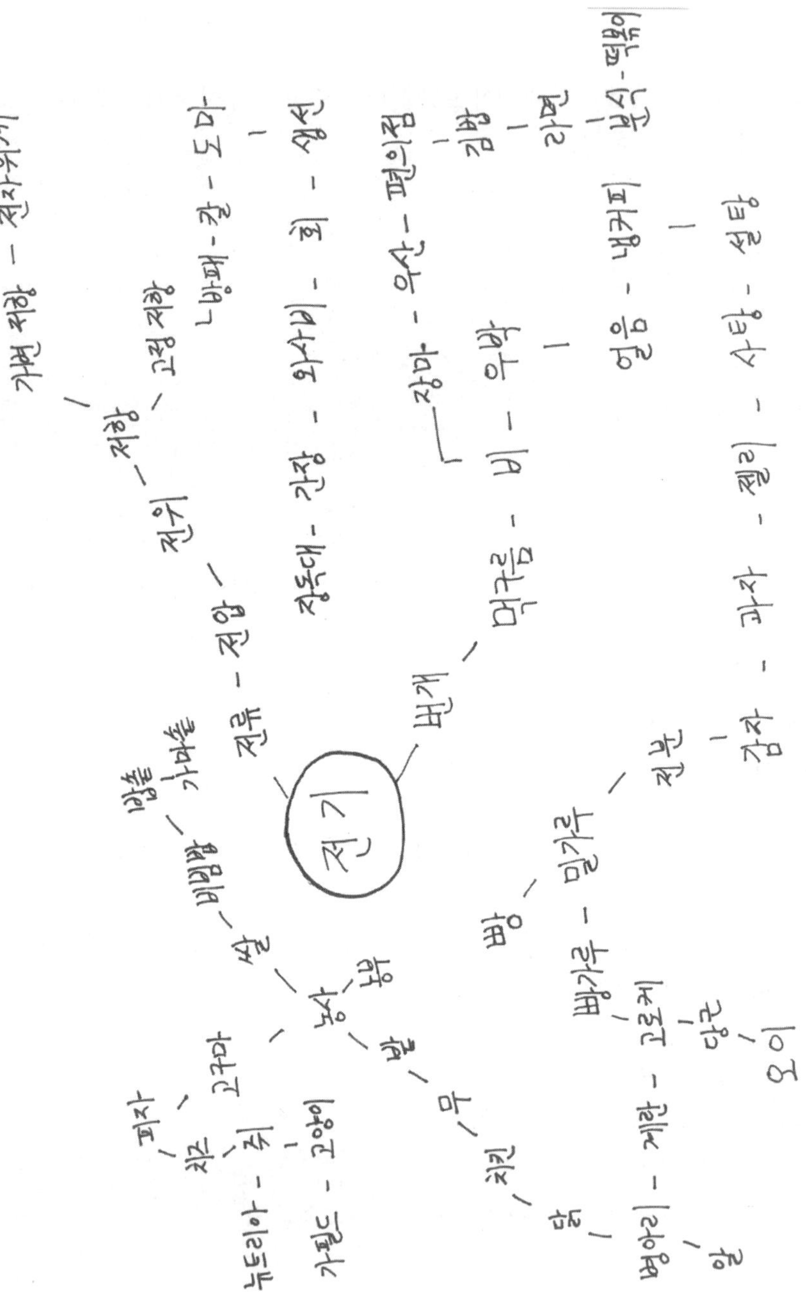

[그림 5-1] 브레인스토밍 예시

〈활동 공간〉

4. 과제 구체화

과제 구체화란 주어진 과제를 자신이 다룰 수 있을 만한 정도로 구체화하면서 동시에 범위를 제한하는 것을 말한다. 과제 구체화에 대해서는 다음과 같은 예를 들 수 있다.

예) 자연을 보호해야 한다. → 주방 세제를 아껴 수질 오염 방지에 힘써야 한다.

예) 아버지의 사랑 → 아버지의 사랑을 체험했던 계기

다음은 과제가 부과되는 유형을 구체적인 정도에 따라 세 가지로 구분한 것이다.

㉠ 우리 대학 학생들의 컴퓨터 사용

㉡ 우리 대학 학생들의 컴퓨터 사용 실태와 문제점

㉢ 우리 대학 1학년 학생들이 하루 동안 컴퓨터를 어디에서 얼마나 어떠한 목적으로 이용하는지 조사하고, 학생들이 컴퓨터 이용 시 느끼는 문제점이 무엇인지 파악하여 그 해결책을 제시하라.

㉠은 매우 자유로운 주제다. ㉡은 그보다는 범위가 좁혀졌지만, 포괄적이기는 마찬가지다. 앞의 둘에 비해 ㉢은 매우 구체적이다. ㉢과 같은 방식으로 과제가 주어졌다면, 무엇을 해야 하는지가 거의 정해져 있다고 볼 수 있다.

자신이 이번 학기에 수행해야 하는 과제나 지난 학기에 수행한 과제를 구체적으로 떠올려 보자. 3절에서 살펴보았듯이, 교수님들이 부과하는 글쓰기 과제의 주제는 일반적으로 그다지 구체적이지 않다. ㉠이나 ㉡과 같은 주제가 주어진 상태에서는 무엇을 해야 하는지 명확하지 않다. ㉢과 같은 방식으로 과제가 부과된다면 좋겠지만, 아쉽게도 대부분의 과제는 이러한 방식으로는 부과되지 않는다. 그렇기 때문에 자신이 스스로 '친절하게' 만들어야 한다.

과제를 구체화하는 방법은 글쓰기의 목적을 분명히 하고 맥락을 분석하는 단계를 거치는 것과 크게 다르지 않다. 여기에서는 추가적으로 질문을 계속해서 던지는 방식을 소개하고자 한다.

1단계: 강의 계획서나 부과된 과제의 핵심 단어를 떠올린 뒤, 무엇, 왜, 어떻게가 포함되는 세 가지 질문을 던진다.

2단계: 질문에 대한 답을 스스로 찾고, 찾아낸 답에 대해 앞에서와 같은 방식으로 동일하게 질문을 던진다.

실천 활동

■ 다른 교과목에서 과제로 수행해야 하는 글쓰기 중 한 가지를 선정하여 다음 활동을 해 보시오.

(a) 부과된 글쓰기 과제의 요구 사항은 무엇인가?

___

___

___

(b) 부과된 과제에서 가장 중요한 단어는 무엇이라고 생각하는가?

___

(c) '(b)'에서 선정한 단어에 '무엇'을 결합하면 어떠한 질문을 만들 수 있는가? 그리고 그에 대해 간단히 답한다면 무엇이라고 할 수 있는가?

질문:

답:

(d) '(b)'에서 선정한 단어에 '왜'를 결합하면 어떠한 질문을 만들 수 있는가? 그리고 그에 대해 간단히 답한다면 무엇이라고 할 수 있는가?

질문:

답:

믿음의 이유는 안전하거나 확실해서가 아니라, 위험을 감수할 용기가 있어서다. - 미상

(e) '(b)'에서 선정한 단어에 '어떻게'를 결합하면 어떠한 질문을 만들 수 있는가? 그리고 그에 대해 간단히 답한다면 무엇이라고 할 수 있는가?

질문: ______________________________

답: ______________________________

(f) '(c)~(e)' 중 한 가지 답변 내용에서 핵심어를 찾아, '무엇, 왜, 어떻게' 중 한 가지를 골라 결합하면 어떠한 질문을 만들 수 있는가?

질문: ______________________________

답: ______________________________

글쓰기 상식 코너

글쓰기 오류 바로잡기!
– 사이시옷 –

군홧발/군화발
전셋집/전세집
횟수/회수
머릿말/머리말
머릿속/머리속
뒷편/뒤편
셋방/세방
툇간/퇴간
장맛비/장마비
나랏빛/나라빛
사잇소리/사이소리
혼잣말/혼자말

단락은 어떻게 쓰지? (한국교원대학교, 1995)

1. 중심문을 명시한다.
   - 독자가 쉽게 찾을 수 있는 단락의 처음이나 맨 끝에 둔다.
   - 중심문의 성격과 구실
     ① 중심문은 단락의 첫머리에서 내용을 개괄하여 나타낸다.
     ② 중심문은 그 단락 내용의 요지나 핵심을 나타낸다.
     ③ 중심문은 의문문의 형태를 취하기도 한다.
     ④ 중심문은 단락의 끝부분에서 그 단락의 요약 구실을 한다.

2. 한 단락에서 한 가지 사항만 다룬다.

- 한 단락에서 너무 많은 이야기를 하다 보면, 요지를 분명하게 전달할 수 없다.

3. 단락의 주제가 확실해야 한다.

- 단락의 뜻이 명확해지려면 한 단락을 구성하는 각각 문장의 주제가 공통되거나 일치되어야 한다.

4. 이질적인 글을 넣지 않는다.

- 단락 전체가 나타내고 있는 뜻에서 빗나간 글이 있다면, 단락 구성의 부자연스러움으로 말미암아 독자에게 혼란을 줄 수 있다.

5. 글과 글의 연결은 매끄럽게 연결되어야 한다.

- 접속어를 적절히 사용한다. 남발하면 문장의 미가 준다.

6. 단락의 길이를 적절하게 한다.

- 복잡한 설명문이나 논설문에서 바람직한 단락의 길이는 300자에서 400자 정도가 좋다. 500자를 넘긴다면 읽기에 부담스러운 단락이 된다.

제6장

자료 수집 및 정리하기

많은 학생이 글쓰기를 어려워하는 이유 중의 하나는 '무엇'을 써야 할지 떠올리지 못하기 때문이다. '무엇을 써야 할지'에 해당하는 것이 바로 '내용'이라고 할 때, 자료 수집 및 정리하기는 내용을 생성하여 글을 잘 쓸 수 있게 해 주는 토대가 된다.

1. 자료 수집 및 정리하기 단계의 개념과 특징

자료를 수집하고 정리하는 단계는, 글을 쓰는 데에 필요한 내용을 마련하는 단계이기도 하다. 글의 내용을 마련한다는 것은 1차적으로는 현재 상태로는 잘 알지 못하는 어떤 내용에 대한 정보를 수집하는 것이다. 간혹 자신이 잘 알고 있는 내용에 대해 글을 쓰게 되는 경우도 있으나, 대학에서 이루어지는 글쓰기는 자신이 잘 알지 못하는 내용에 대해서 써야 하는 경우가 많다. 가만히 앉아서 이런저런 내용을 떠올리려고 노력해 보아도, 다른 책이나 자료를 찾아보지 않고서는 도저히 글을 쓸 수 없는 상황이 대부분인 것이다.

이는 제2장에서 강조한, 예상 독자의 요구를 떠올려 보면 쉽게 이해할 수 있다. 스스로 공부를 한다는 것은 자신이 아직 잘 알지 못하는 지식의 체계에 접근하여 이것을 이해하고 활용 가능하도록 만드는 것이기 때문이다. 이처럼 학업 수행을 위한 글쓰기에서는 특히 글을 써야 하는 주제에 대해 충분한 지식과 정보를 보유해야 하기 때문에, 자료 수집 및 정리하기 단계는 대학 글쓰기에서 매우 중요하다고 할 수 있다.

하지만 아무리 정보를 풍부하게 수집했다 하더라도, 그것이 의미하는 바를 제대로 이해하고 있지 못하다면 글을 쓸 때 적절하게 활용하기 어렵다. 자신의 글쓰기에 직간접적으로 활용하기 위하여 자료를 수집하고 정리한다는 것은, 그 내용에 대하여 깊이 있는 생각을 전개해 보다 구체적이고 명확하게 이해하는 것을 의미 한다.

과정 중심 글쓰기에 대해 다루고 있는 다른 연구에서는 이 과정을 내용 생성하기 단계로 부르기도 한다(이재승, 2002; 박영목, 2013). 내용 생성하기 방법은 자료를 찾아 읽어야 하는 방법과 읽기를 필요로 하지 않는 방법 두 가지로 구분해 볼 수 있다. 글쓰기 주제와 관련된 책이나 자료를 찾고 정리하는 것은 내용을 생성하기 위한 방법 중 하나다. 높은 수준의 사고력을 요구하는 글쓰기 과제 대부분은 읽기를 토대로 한, 내용 생성하기 방법을 주로 사용한다. 하지만 내용 생성하기 방법에는 읽기를 사용하지 않고 자신의 생각만으로 글에 쓸 수 있는 내용을 떠올리는 데에 도움을 주는 방법도 있다. 그렇기 때문에 자료 수집 및 정리하기 단계는 내용 생성하기 단계에 포함된다고 볼 수 있다. 하지만 이 교재는 대학에서 학업 수행을 목적으로 이루어지는 글쓰기에 초점을 맞추고 있으므로 읽기를 강조하기 위하여 이러한 용어를 사용하였다.

수집하고 정리한 자료는 크게 연구 자료와 데이터 자료로 구분할 수 있다. 연구 자료는 쓰고자 하는 글의 주제와 관련된 논문이나 단행본 등과 같은 것을 뜻한다. 대학에 입학해 전공 수업 시간에 활용하기 위해 구입한 교과서는 연구 자료의 대표적인 예다. 대부분은 다른 이들이 이미 결론이나 핵심적인 내용을 완성해 놓은 형태라고 할 수 있다. 이에 반해 데이터 자료는 실험이나 조사 등을 통해 확보한 결과 값, 신문이나 잡지 등에 수록된 기사, 인터넷 검색을 통해 확인한 정보, 직접 방문이나 체험 및 관찰을 통해 알게 된 점 등을 뜻한다. 연구 자료와 달리, 데이터 자료는 그 자체로 결론이나 핵심 내용이 완성되어 있기보다는 데이터를 활용하는 사람이 어떻게 활용하느냐에 따라 글 속에서의 역할이 크게 달라진다. 학업 목적 글쓰기를 할 때에는 예상 독자의 요구와 글을 쓰는 맥락 등을 면밀히 검토하여 어떤 자료를 중점적으로 찾아보아야 하는지를 판단해 보는 것이 바람직하다.

2. 자료 수집 원리와 검색 방법

1) 자료 수집 원리

첫째, 쓰고자 하는 글의 주제가 명확한지를 다시 한번 점검해야 한다. 주제를 분명하게 설정하지 않았다면, 자료를 찾다가 지쳐 버린다거나 자신이 왜 자료를 찾고 있는지를 잊어버리는 상황까지도 발생할 수 있다. 물론 자료를 수집하다가 새롭게 알게 된 내용으로 인해 주제를 변경할 수도 있으나, 이것 역시 처음에 주제를 명확하게 설정하고 난 뒤라야 가능한 것이다. 참을성을 발휘해 최대한 열심히 자료를 수집하더라도 상당히 많은 시간이 걸릴 뿐만 아니라 나중에 사용할 일이 없는 자료까지도 모아 놓는 경우가 발생하기 때문에 결코 효율적이라고 볼 수 없다.

둘째, 누가 작성했는지 확인할 수 없는 자료는 절대로 수집하지 않는다. 만일 자료가 이러저러한 이유로 오류를 담고 있는데 그것을 모르고 글 속에 사용했다면 큰 문제가 발생할 수 있다. 이때 누가 작성했는지 명확하다면 그 사람에게 책임을 미룰 수 있지만, 누가 작성했는지 확인할 수 없다면 오류를 담고 있는 자료의 책임은 전적으로 자신에게 돌아오게 된다. 그렇기 때문에 내가 글을 쓰고자 하는 주제와 관련해 권위가 있는 사람이 쓴 논문이나 책을 우선적으로 찾아보는 것이 좋다. 만일 그 분야의 권위자가 누구인지 모르겠다면 과제가 부과된 교과목의 교재를 누가 썼는지 살펴보고, 그와 비슷한 책의 저자들도 찾아보자. 그래도 잘 모르겠다면, 과제를 부과한 교수님께 여쭤 보자.

셋째, 비슷한 제목의 자료를 두 가지 이상 발견했다면, 가장 최근의 것을 먼저 살펴보는 것이 좋다. 지식 생산 속도가 점점 빨라지고 있다는 점도 한 가지 이유가 된다. 그리고 나중에 발표된 자료는, 그 이전의 자료 내용을 포함하고 있을 가능성이 높은 것도 이유로 들 수 있다. 특히 연구 자료의 경우 기존의 선행 연구를 충분히 참고하는 것이 일반적이므로, 검색을 통해서 미처 발견하지 못한 문헌을 다른 논문의 참고문헌 목록에서 찾을 수 있는 경우도 많다.

예를 들어, 'WAC[1)]'로 www.riss.kr에서 국내 학술지 검색을 할 경우 다음과 같은 목록이 나타난다. 검색 시점에 따라 달라질 수 있으므로, 이 책으로 공부하고 있는 시점에서 각자 검색해 보기를 권장한다.

---

1) 범교과 글쓰기(Writing Across Curriculum).

見利忘義(견이망의): 이익을 보면 의리를 잊음.

1 **전공연계글쓰기(WAC)의 국내 적용을 위한 전제 조건 : 미국 WAC 프로그램의 역사적 고찰을 통해 = Preconditions for Adjusting Writing-Across-the-Curriculum to Korean Universities: With a Survey of the History of American WAC Program**

배식한 (교양교육연구, Vol.6 No.3, [2012]) *[KCI등재후보]*

간략보기 원문보기URL W

2 **전공연계글쓰기(WAC)의 국내 적용을 위한 전제 조건 : 미국 WAC 프로그램의 역사적 고찰을 통해 = Preconditions for Adjusting Writing-Across-the-Curriculum to Korean Universities : With a Survey of the History of American WAC Program**

배식한 (교양교육연구, Vol.6 No.3, [2012]) *[KCI등재후보]*

간략보기 원문보기URL W

3 **범교과적 글쓰기(WAC)를 통한 대학 글쓰기 교육 = College Writing Education through Writing Across the Curriculum(WAC)**

안상희 (Sanghee Ahn) (작문연구, Vol.24 No.-, [2015]) *[KCI등재]*

간략보기 원문보기URL W

4 **범교과적 글쓰기(WAC)를 통한 대학 글쓰기 교육 = College Writing Education through Writing Across the Curriculum(WAC)**

안상희(Ahn, Sanghee) (작문연구, Vol.24 No.-, [2015]) *[KCI등재]*

간략보기 원문보기URL W

검색 결과 중 가장 최근의 논문이자 네 번째에 제시된 '안상희(2015), 범교과적 글쓰기(WAC)를 통한 대학 글쓰기 교육'에서 가장 마지막의 참고문헌 목록 중 국내 문헌 목록은 다음과 같이 나타난다.

참고 문헌

김성수(2009), 「창의적 글쓰기 교육의 구성 방안 연구-대학 글쓰기의 경우」, 『현대문학의 연구』 38, pp.327~361.

나은미(2008), 「대학에서의 글쓰기 교육 현황 분석 : 과목 개설 현황 및 교재를 중심으로」, 『우리어문연구』 32, pp.7~34.

노명완(2010), 「대학작문 - 현 실태, 개념적 특성, 그리고 미래적 지향」, 『대학작문』 1, pp.11~39.

배식한(2012), 「전공연계글쓰기(WAC)의 국내 적용을 위한 전제 조건」, 『교양교육연구』 6(3), pp.591~626.

배식한(2013), 「문제 기반의 비판적 사고 WAC 수업 모형」, 『교양교육연구』 7(2), pp.341~372.

출처: 안상희(2015).

공통적으로 나타나는 문헌도 있지만 그렇지 않은 문헌도 있다. 자료 수집의 폭을 넓히기 위해서는 1차적으로 찾아본 문헌의 참고문헌 목록을 활용하는 것도 좋은 방법이 된다.

가장 최근에 발표된 문헌을 우선적으로 참고하는 것은, 앞의 예에서 확인할 수 있듯이 효율적이다. 시간과 노력을 충분히 기울일 수 있는 여건이라면 관련된 내용을 충분히 살펴보는 것이 좋겠지만, 효율성을 추구한다면 비교적 최근의 자료부터 살펴보는 것이 바람직하다.

넷째, 찾아본 자료의 참고문헌 목록이나 색인 및 목차 등을 적극적으로 활용한다. 거의 모든 연구 자료는 논문이나 단행본 모두 각주나 미주를 통해 참고문헌을 제시한다. 그리고 대부분의 두꺼운 단행본은 책의 앞부분에는 목차를, 뒷부분에는 색인을 제시하고 있다. 컴퓨터를 활용한 검색으로는 미처 찾지 못한 자료를 참고문헌 목록이나 목차, 색인 등에서 발견하여 유용하게 활용하는 것도 가능하다.

2) 자료 검색 방법

자료 수집을 위한 검색은 크게 도서관 검색과 도서관 외의 검색으로 구분해 볼 수 있다. 도서관 검색은 대학 도서관 홈페이지에 접속하면 쉽게 수행할 수 있다. 하지만 검색했을 때 나타나는 자료가 방대할 수 있으므로, 홈페이지 검색 메뉴를 자세히 살펴 자신이 찾고자 하는 정보에 최대한 근접한 것을 찾아낼 수 있어야 한다. 도서관 외의 검색은 포털 사이트를 활용하는 방법이 대표적이다. 하지만 이때 유의해야 할 점은, 앞에서도 강조했듯이 누가 작성했는지를 분명히 확인할 수 있어야 한다는 점이다. 또한 자신이 글을 쓰고자 하는 주제에 적합한 것인지를 끊임없이 판단하면서 찾아낸 자료를 빠르게 읽어나갈 수 있어야 한다.

거의 모든 대학은 자체 학술정보원이나 도서관을 통해 다양한 정보를 제공한다. 굳이 상업 포털을 찾아보지 않아도, 학업 수행을 위한 정보 제공에는 상당히 유용하다. 자신이 다니고 있는 대학의 학술정보원이나 도서관 홈페이지에 접속해 어떤 유형의 정보를 제공해 주는지 각자 확인해 보자.

도서관 외 검색의 경우 이미 널리 알려져 있기 때문에 자세한 설명을 생략한다. 다만, '지식iN'이나 블로그 등의 경우 글을 쓴 사람이 명확하더라도 가급적 사용하지 않는 것이 좋다. 위키백과 등과 같은 경우, 본인이 스스로 개괄적인 정보를 파악하기 위해 읽는 것은 문제가 없겠으나, 여기서 찾은 내용을 직접적으로 보고서에 활용하는 것은 피해야 한다. 두 경우 모두 신뢰성에 문제가 있을 수 있기 때문이다.

3) 자료를 정리할 때의 유의 사항

대학 새내기들이 쉽게 저지르는 실수 중의 하나는, 자료를 찾아 놓기만 하고 제대로 정리해 두지 않는다는 점이다. 대학에서 이루어지는 학업을 위한 글쓰기는 한 번에 써 내려갈 수 있을 정도로 간단하지 않기 때문에 며칠 동안 해야 할 작업을 나누는 경우도 있고, 때로는 몇 주간에 걸쳐서 조금씩 진행을 하는 경우도 있다.

그런데 이때 주의해야 할 점이 있다. 자료를 수집할 때에는 분명히 출처를 기억해 두었다고 생각하지만, 다른 자료를 더 찾아보거나 시간이 흐르게 되면 나중에는 자료는 있으되 출처는 도저히 확인할 수 없는 상황에 처하게 된다. 출처를 밝히지 않고 쓰면 될 것 아닌가 하고 생각할 수도 있겠으나, 찾아낸 자료가 담고 있는 아이디어의 출처를 밝히지 않고 자신의 글에 포함하는 것은 전형적인 '표절'에 해당하기 때문에 '반드시' 피해야 한다. 아무리 풍부하고 다양한 자료를 수집했더라도, 출처를 밝힐 수 없다면 글 쓰는 데에 활용해서는 안 되며, 그렇다면 결국은 다시 자료를 찾아보거나 애써 수집한 자료를 내버려 두어야 하는 상황이 발생한다.

결국, 사람이라면 누구나 기억의 한계가 있기 때문에, 자료를 수집했다면 바로 그 즉시 활용하기 편리한 방식으로 출처를 정확하게 기록해 두어야 한다. 여기에는 자료를 찾으며 그때그때 정리하는 방법과 필요한 자료를 모두 수집하고 한꺼번에 정리하는 방법이 있다. 어느 쪽이 되었건 자신에게 알맞은 방식을 찾아야 하는데, 중요한 점은 자료의 출처를 다시 확인하기 위해 시간을 허비하는 일이 있어서는 안 된다는 점이다. 순간의 귀찮음 때문에 기록해 두지 않는다면 출처를 기록하는 시간보다 훨씬 더 많은 시간을 출처를 다시 확인하는 데에 소비하게 될 것이라는 점을 명심해야 한다.

3. 자료 수집 방법: 발췌

발췌란 책이나 글 따위에서 필요하거나 중요한 부분을 가려 뽑아내는 것을 말한다. 자신이 작성하려고 하는 글에 활용할 만한 내용을 발견했다면 그 부분을 따로 복사 및 적어 두거나 타이핑해 두는 것을 말한다.

발췌를 할 때에는 염두에 두어야 할 것이 몇 가지 있다. 첫째는 자신의 견해를 넣어서는 안 된다는 점이다. 발췌를 한다는 것은 원본은 원래 있던 자리에 돌려놓고, 발췌한 내용만을 가지고 글을 쓴다는 것을 의미한다. 나중에 글을 쓰게 될 때에는 원본 자료는 갖고 있지 않고 발췌한 자료만 갖고 글을 쓰게 된다. 앞에서도 설명했듯이, 사람은 누구나 기억의 한계를 갖고 있다. 그렇기 때문에 발췌한 내용에 자신의 견해를 덧붙인다면, 나중에 그 내용을 보고 어떤 부분이 원저자의 견해이고 어떤 것이 자신의 견해인지 혼동할 우려가 있다. 이 둘을 혼동하게 되면 자신이 의도하지 않더라도 글쓰기 윤리를 위반할 수 있는 위험에 빠지게 된다. 만일 발췌를 하다가 좋은 아이디어가 떠올라서 적어 두고 싶다면, 펜의 색깔을 달리하거나 명확한 표시를 해서 자신의 견해라는 점을 나중에라도 분명하게 알아볼 수 있도록 표시를 해 주어야 한다.

둘째는 서지 사항을 꼭 적어 두고, 해당 쪽수도 정확하게 표시해 두어야 한다는 점이다. 그 이유는 바로 앞에서 설명한 것과 동일하다. 사람의 기억은 한정되어 있기 마련이고 나중에 글을 쓸 때 출처를 제대로 밝히지 못한다면 그 발췌 자료를 사용해서는 절대로 안 된다. 다음의 예시를 살펴보자. ㉠은 자료를 발췌한 것이고, ㉡과 ㉢은 모두 이를 인용하여 글의 일부에 포함한 것이다.

㉠ 만프레드 슈피처, 김세나 옮김, 디지털 치매, 북로드, 2013.
295쪽. 디지털 미디어는 자기통제력을 떨어뜨리고, 이로써 스트레스를 유발한다. 유치원이나 초등학교에서 미디어를 더 많이 사용해야 한다는 입장을 지지하는 사람은 반드시 이 사실을 생각해 봐야 한다. 미디어 사용의 이점은 추측만 되고 있는 데에 반해, 단점들은 확실하게 입증되었다. 이러한 학문적인 증거 자료들에 대해 특히 유년기의 컴퓨터 사용에 찬성하는 사람들은 아직 아무런 대답도 하지 않고 있다.

㉡ (전략) 독일의 정신과 의사인 만프레드 슈피처는 어린이들이 디지털 미디어를 많이 사용하는 것이 바람직하지 않다는 점을 강조한다. 지나친 디지털 미디어 사용이 어린이들의 자기통제력을 감소시키고 이로 인해 스트레스가 유발된다는 증거들이 명백하지만, 그 반대되는 증거들은 거의 존재하지 않는다는 것이다.[1)]

1) 만프레드 슈피처, 김세나 옮김, 디지털 치매, 북로드, 2013, 295쪽

㉢ (전략) 어린이들이 디지털 미디어를 많이 사용하게 되면 자기통제력이 저하되고 이로써 스트레스가 유발된다. 이에 대해서는 상당히 많은 연구 증거들이 있다. 하지만 디지털 미디어를 많이 사용했을 때의 이점에 대해서는 충분한 증거들이 없다.

하지만 ㉡과 ㉢에는 큰 차이가 있다. ㉡은 각주를 통해 글 속에 포함한 내

용이 자신의 독창적인 생각이 아니라 다른 책에서 가져온 것이라는 점을 명확히 했다. 관련 내용에 대해 보다 자세히 알고자 하는 독자들은 해당 책을 찾아 그 내용을 살펴볼 수도 있다. 하지만 ㉢에는 출처나 인용 표시가 제대로 되어 있지 않다. ㉢만을 본 독자라면, 누구나 해당 내용이 글을 쓴 사람의 아이디어라고 생각하지, '만프레드 슈피처'라는 사람의 견해라고는 생각하지 않을 것이다. 인용 표시를 하고 안 하고의 차이 하나 때문에, ㉢의 글은 표절이 되어 버렸다.

출처 표시와 관련해, 참고한 모든 자료에 출처 표시를 해야 하냐고 묻는 학생이 있을 수 있다. 물론 아주 널리 알려진 내용이어서 굳이 찾아볼 필요가 없는 것이라면 굳이 출처를 밝힐 필요는 없다. 예를 들면, 다음과 같은 것이다.

> 경제학은 전통적으로 크게 두 분야로 나뉜다. 미시경제학(microeconomics)은 가계와 기업이 어떻게 의사결정을 내리며, 이들이 각각의 시장에서 어떻게 상호작용하는가를 연구하는 분야다. 거시경제학(macroeconomics)은 나라 경제 전체에 관한 경제현상을 연구하는 분야다.
>
> N.Gregory Mankiw(2005), 맨큐의 경제학(3판), (김경환 · 이종석 역), 교보문고, p.33

미시경제학과 거시경제학의 구분은 고등학교 경제 과목에서도 가르치고, 경제 관련 뉴스나 다큐멘터리 등에서도 종종 등장하는 단어다. 이처럼 충분히 널리 알려진 내용은 비록 그것이 자신이 찾은 자료에 나와 있더라도 굳이 인용을 표시할 필요는 없다. 단적으로, 중학교 때 배운 근의 공식을 보고서에 포함하면서 중학교 교과서를 참고문헌으로 제시할 필요는 없는 것이다. 하지만 유념할 점이 바로 '충분히 널리 알려졌다'는 것의 기준이 명확하지 않다는 것이다. 어떤 사람은 충분히 알려졌다고 생각할 수 있는 지식이나 정보가, 다른 사람에게는 새로운 것일 수 있다. 그리고 그 기준을 일일이 정하는 것은 결코 쉬운 일이 아니다. 그렇기 때문에 학부생인 이 책의 독자들은 자신이 새롭게 알게 된 내용이거나, 새롭게 알게 된 것은 아니더라도 발췌한 자료의 도움이 없었다면 작성하지 못했을 경우에는 일단 인용 표시를 하는 것이 좋다. 그리고 어떻게 하는 것이 옳은지 명확하게 판단되지 않는다면, 그때도 일단 인용 표시를 해야 한다. 신호등이 파란 불인지 빨간 불인지 분명하지 않다면 일단은 멈추어야 하는 것과 마찬가지다. 학부 수준에서는 새로운 지식을 생산하는 것이 아니라, 기존에 존재하는 지식을 학습하는 것이 중요하다는 점에서 생각해 보더라도, 모호한 부분이 있다면 일단은 인용 표시를 해야 한다.

실천 활동

■ 이 교재 96쪽의 '글쓰기 과정'에 대한 그림을 발췌하는 상황을 가정하여, 이를 적절한 방식으로 발췌해 보시오.

4. 자료 수집 방법: 요약

요약이란 참고한 책이나 자료의 내용을 요점을 잡아 간추린 것을 말한다. 발췌의 경우는 발췌하는 사람이 읽으면서 자신의 글쓰기에 활용하기에 적합한 내용이라고 판단되는 것을 원문 그대로 가져오는 것이다. 그에 비해 요약은 요약하는 사람이 읽기를 하면서 자신의 글쓰기에 활용하기에 적합하기는 하지만 그 내용이 너무 길거나 복잡할 경우 이를 간추리는 것을 말한다. 발췌와는 달리 읽기를 하면서 중요한 내용과 그렇지 않은 내용을 구분해야 하고, 동시에 다양한 요약의 대상이 되는 자료가 어떠한 구조로 되어 있는지를 파악하여 응집성 있게 구조화할 수 있어야 한다.

다음 자료 글 세 편은 요약하기의 방법을 소개하기 위한 예문이다.

• 자료 글 1

철수는 친구들과 노란색 축구공을 가지고 놀다가 성격이 거친 매부리코 아저씨 집의 유리창을 깨뜨렸다. 철수는 너무 놀라 축구공을 찾을 생각은 하지도 못한 채 도망을 치고 말았다.

• 자료 글 2

영수는 집에서 기르는 금붕어, 다람쥐, 강아지, 고양이를 무척 좋아한다.

• 자료 글 3

도시는 교통이 복잡하고 불편하다. 길에는 언제나 사람들이 가득 차 있어 빨리 걷기가 어렵다. 버스에는 항상 사람이 가득 차니 타기도 어렵고 내리기도 힘들다. 택시도 타려는 사람이 너무 많아서, 아무 때에나 쉽게 탈 수 있는 것도 아니다. 차도에는 버스, 소형 승용차, 택시, 트럭, 자전거, 오토바이 등으로 가득 차서 붐비는데, 가끔 길이 막혀서 오래 서 있는 때가 많다. 그래서 가까운 곳에 갈 때에도 긴 시간이 걸린다.

요약 방법

① 불필요한 세부 사항 없애기: 때로 정보는 반복되거나 몇 가지 다른 방식으로 진술되어 있다. 어떤 정보는 하찮고 불필요할 것이다. 반복되거나 하찮은 정보는 없애야 한다. 요약은 짧아야 한다.

② 항목 구성하기: 어떤 항목이 나열되어 있을 때, 전체 항목을 하나의 단어나 구로 대체한다.

예) 수영, 요트경기, 낚시, 파도타기 → 수상스포츠

③ 주제 문장 이용하기: 글 속에 주제문에 해당하는 내용이 있을 때에는 이 문장을 요약에 이용한다. 그렇지 않다면 스스로 만들어야 한다.

실천 활동

1 다음 요약 대상 글을 보고, 이어지는 세 편의 요약문 중 가장 적절한 것을 찾으시오. 그리고 그렇게 생각한 이유도 설명해 보시오.

요약 대상 글

외국의 어떤 공원은 경치도 좋지만, 곰, 사슴, 다람쥐 등 여러 동물이 우리도 없이 자유스럽게 다니는 것을 볼 수 있다. 그 동물들을 보려고 공원을 찾는 사람도 많다.

이 공원에 있는 동물들은 사람을 무서워하지 않는다. 오히려 새끼들을 데리고 사람들 가까이 다가와서 던져 주는 먹이를 받아먹는다. 이 동물들은 편하게 놀면서 던져 주는 것만 받아먹어도 배가 부르고 살이 포동포동 찐다.

그러나 추운 겨울에는 사람들의 발길이 끊어진다. 그러면 동물들이 먹이를 얻어먹을 수가 없어 굶어 죽는 일이 자주 생긴다.
그런데 근처 숲 속에서 스스로 먹이를 구해 먹던 동물들은 사람들이 없는 추운 겨울이 되어도 굶어 죽지 않고 겨울을 잘 지낸다.

요약문 (1) 외국의 어떤 공원은 경치도 좋고 곰, 사슴, 다람쥐 등 여러 동물들이 우리도 없이 자유스럽게 다니는 것을 볼 수 있다. 동물을 구경하려고 오는 사람도 많다. 그리고 이 공원의 동물은 사람을 안 무서워해서 사람들이 주는 것만 먹어도 살이 찐다. 그러나 겨울에는 사람들이 안 와서 동물들이 굶어 죽는 일이 생긴다. 하지만 근처 숲에서 스스로 먹이를 찾아 먹던 동물은 사람들이 없어도 굶어 죽지 않고 겨울을 난다.

요약문 (2) 외국의 어떤 공원은 경치도 좋지만, 여러 동물들이 우리 없이 다니는 것을 볼 수 있다. 이 공원 동물은 사람을 무서워하지 않아서 경계 없이 다가가 사람들이 주는 먹이를 먹는다. 그런데 추운 겨울이 되면 사람들의 발길이 끊어져 동물들이 굶어 죽는다.

요약문 (3) 외국의 어떤 공원에는 동물들이 자유롭게 다닌다. 공원에 있는 동물들은 편하게 놀면서 사람들이 던져 주는 먹이를 받아먹고 산다. 그러나 추운 겨울에는 먹이를 얻어먹지 못해 굶어 죽는다. 하지만 숲 속에서 스스로 먹이를 구해 먹던 동물들은 굶어 죽지 않고 겨울을 잘 지낸다.

2 다음 글을 적절히 요약해 보시오.

직업 선택에서 약자 보호의 필요성

(1) 우리가 어떤 일을 선호하는 것은 그 일 자체를 하고 싶은 충동 때문만은 아니며, 그 일을 통해서 얻을 수 있는 수입이 주는 매력에 몰리는 경우도 적지 않다. 특히 직업으로서 어떤 일을 선택할 경우에는 그 일 자체의 매력보다도 그 일에 따르는 수입이 갖는 매력이 더 큰 동기로서 작용하는 사례가 많다. 적성에 따라서 직업을 선택하기보다는 직업에 따르는 수입을 따라서 선택할 경우가 더 많은 것이 우리들의 실정이다. 만일 어떤 일을 하더라도 수입에는 별로 차이가 없다면 오랜 교육 기간 내지 수련 기간이 필요한 의사나 법률가에 대한 선호가 오늘의 한국의 경우처럼 심한 경합을 보이지 않을 것이다. 결국 일자리를 에워싼 경쟁은 일자리만의 경쟁으로 그치는 것이 아니라 경제력에 대한 경쟁이요, 전체로서의 생존경쟁의 뜻까지 함축하는 것이 우리의 현실이다.

(2) 힘이 많이 들고 괴로움이 큰 일일수록 수입이 많고, 즐겨 가며 쉽게 할 수 있는 일에는 보수가 적었다면 문제는 비교적 간단했을 것이다. 힘이 많이 드는 일은 많은 수입으로 보상이 되고, 보수가 적은 일은 일 그 자체가 쉽고 즐거움으로 보상을 받게 될 것이므로 심각

한 사회 정의의 문제가 생길 소지는 크게 줄어들 것이다. 그러나 현실은 그와 반대여서 힘이 많이 들고 괴로움이 큰 일보다도 그 자체에 즐거움과 보람이 느껴지는 일에 종사하는 사람이 더 좋은 대우를 받을 경우가 많다. 이에 두 가지 면에서 모두 유리한 일에 대한 선호와 두 가지 면에서 모두 불리한 일에 대한 기피가 불가피하게 되며, 불리한 일밖에 차지가 돌아오지 않는 계층의 사람들은 이중의 불만을 갖게 된다. 여기서 생기는 문제가 즐거움과 보람을 느끼기 쉬운 일에 종사하는 사람에게 많은 보수가 돌아가고, 힘든 고역으로서의 성격이 강한 일에 종사하는 사람에게는 적은 보수가 돌아간다는 것은 사리에 어긋나는 모순이 아니냐 하는 그것이며, 이러한 모순은 사회 구조의 모순에 유래한다고 볼 때 이 문제는 곧 사회 정의의 문제로 연결된다.

(3) 어떤 일자리를 누가 차지하느냐 하는 것은 자유경쟁을 통하여 결정되고, 어떤 일이 얼마나 많은 대가를 받느냐 하는 것은 수요와 공급의 관계가 지배하는 시장경제의 원칙을 따라서 결정된다. 시장경제에서의 물가의 형성도 결국은 자유경쟁의 결과로서 이루어지는 것이므로, 누가 무슨 일을 하고 얼마나 보수를 받느냐 하는 문제는 전체가 자유경쟁을 통해서 판가름이 나는 셈이다. 그 경쟁의 과정이 공정하게만 이루어졌다면 자유경쟁에서 패배한 사람은 그가 놓이게 될 불리한 처지를 불평없이 받아들일 의무가 있는 것일까.

(4) 문제의 핵심은 삶의 현장에서 일어나는 욕구의 대립을 오로지 당사자들의 자유경쟁으로써 해결하는 것이 언제나 옳다고 볼 수 있느냐 하는 점에 있는 것으로 보인다. 우리가 인간 사회를 하나의 공동체로서 인정하는 이상, 개인 또는 집단 사이의 갈등을 '약육강식'의 원칙에 맡기는 것이 옳다고 볼 수 없음은 명백하다. 자유경쟁에만 맡겼을 경우에 약자들이 놓이게 될 불리한 처지를 돕기 위한 어떤 사회적 조치가 있어야 마땅하다. 약자에게도 생존의 권리가 있다는 것을 부인하지 않는 한 약자에 대한 보호의 책임이 사회에 있음은 의심의 여지가 없다.

(5) 일자리를 에워싼 경쟁에서 패자의 위치로 밀려난 약자를 보호하는 길이 실력이 부족한 사람에게 감당하기 어려운 일자리를 맡기는 방향이 아니라, 약자에게 돌아간 일자리를 경제적으로 우대하는 방향에서 찾는 것이 합리적일 것이다. 의사로서의 자격을 갖추지 못한

선반공에게 환자를 맡기거나, 과학적 지식이 약한 미장공에게 연구실을 맡길 수는 없는 일이며, 다만 선반공이나 미장공이 하는 일에 대한 보수의 수준을 올리는 방향으로 불평등을 조정해야 할 것이다.

출처: 김태길(2010).

→ 이 글의 핵심어는 무엇인가?

____

____

→ 주제는 무엇인가?

____

____

→ 각 문단의 중심 내용은 무엇인가?

1문단: ______________________________

____

____

2문단: ______________________________

____

____

3문단: ____________________

____

____

4문단: ____________________

____

____

5문단: ____________________

____

____

청년은 가르침을 받기보다는 자극을 받기를 원한다. - 괴테

→ 앞의 내용을 참조하여, 해당 글을 200자 내외(띄어쓰기 포함)로 요약해 보자.

No. ______

60

120

180

글쓰기 상식 코너

글쓰기 오류 바로잡기!
– 표준어 1 –

오랜만/오랫만
더욱이/더우기
일찍이/일찌기
발자국/발자욱
후텁지근하다/후덥지근하다
설거지/설겆이
늑장/늦장
되물림/대물림
궁시렁거리다/구시렁거리다
널부러지다/널브러지다
웅큼/움큼
귀띔/귀뜸

단락의 효과적인 전개 방법(한국교원대학교, 1995)

1. 자기 의견으로 전개한다.
   – 자기가 생각해 낸 견해로써 결론, 제안, 반대 의견의 형태로 표명한다.
2. 자기 감상으로 전개한다.
   – 어떤 사실이나 사물에 대한 느낌을 직접 서술해 본다.
3. 논리의 순서로 전개한다.
   ① 일반적인 것에서 특수한 것으로 논술(연역법)

유머 감각이 없는 사람은 스프링이 없는 마차와 같다. 길 위의 모든 조약돌마다 삐걱거린다. – 헨리 와드비쳐

② 특수한 것에서 일반적인 것으로 논술(귀납법)

③ 원인에서 결과로 혹은 결과에서 원인으로 논리를 진행하는 논술(추론)

4. 정의로 전개한다.
   - 추상적인 개념을 확인할 때 정의(定義) 혹은 비슷한 뜻의 다른 말로 이야기를 풀어갈 수 있다.
5. 사실로 전개한다.
   - 실제 있었던 일, 일어난 일로 시작해 본다. 사실과 진실은 다르므로, 자유롭게 서술할 수 있다.
6. 실례로 전개한다.
   - 구체적인 사례를 들어 단락을 이끌어 간다.
7. 설명이나 해설로 전개한다.
   - 무엇인가의 사실을 알게 하기 위해 설명이나 해설하는 방식을 전개할 수 있다.
8. 비유로 전개할 수 있다.
   - 자세히 서술하기 위해 생각에 포함된 사물과 비슷하거나 유사한 것을 언급함으로써 단락을 시작할 수 있다.
9. 인용 및 감상으로 전개한다.
   - 자기 의견에 신빙성을 부여하고 싶을 때 권위자의 의견, 학설, 명언, 경구 등을 인용할 수 있다. 유명한 영화와 소설, 연극의 감상을 인용해도 좋다.
10. 삽화나 일화로 전개한다.
    - 삽화나 일화는 내용을 살찌게 하고, 독자의 흥미를 끌 수 있다.
11. 남한테서 들은 이야기로 전개할 수 있다.
    - 주변에서 들은 재미있는 이야기를 기억해 두었다가 자기 생각을 서술할 때 사용한다.

12. 비교나 대조로 전개한다.

- 두 가지 사항을 비교하거나 대조하면서 서술해 본다. 비교는 유사점을, 대조는 차이점을 찾는 것이다.

13. 비판으로 전개해 본다.

- 타인의 생각, 세상의 풍조를 비판하거나 검토하는 방법으로 단락을 전개할 수 있다.

14. 구체적인 묘사로 전개할 수 있다.

- 구체적인 묘사를 통해 필자의 생각이나 느낌을 독자에게 실감나게 전달할 수 있다.

내 소망은 단순하게 사는 일이다. 그리고 평범하게 사는 일이다. 내 느낌과 의지대로 자연스럽게 살고 싶다.
- 법정 스님

제7장

개요 작성 및 구성하기

누구나 머릿속에 좋은 생각이 떠올랐지만 글로 옮기기 전에 흐릿해진 경험이 있다. 쓰기 전뿐만이 아니다. 이미 완성한 글이라도, 그 내용을 다시 쓰라고 하면 어려울 것이다. 이러한 현상의 원인은 인지 용량의 한계와 밀접한 관련을 맺고 있다. 개요 작성 및 구성하기는 이러한 인지 용량의 한계를 극복할 수 있게 해 주는 좋은 방법이 된다.

1. 개요 작성 및 구성하기 단계의 개념과 특징

이 단계는, 풍성하게 수집하고 생성한 내용을 일정한 원리와 방법에 따라 조직하는 단계로, 조직하기 단계라고도 불린다. 이 과정은 크게 두 가지로 다시 나눌 수 있는데, 첫째는 확보한 내용 중에서 주제를 드러내는 데에 유용한 내용을 선별하는 것이다. 그리고 둘째는 선정된 내용을 일정한 원리나 계획에 따라 순서대로 배열하는 것이다. 자료 수집 및 정리를 아무리 완벽하게 해 놓았다 하더라도, 아직까지는 많은 양의 내용을 늘어놓은 것에 불과하기 때문에, 일정한 원리와 방법에 따라 조직해야 글쓰기에 효율적으로 활용이 가능하다. 이때에는 통일성, 응집성, 강조성 등의 원리가 중요하게 작용한다(박영목, 2013).

제1장에서도 강조했듯이, 계획하기 단계나 자료 수집 및 정리하기 단계, 개요 작성 및 구성하기 단계가 서로 명확하게 구분되지 않을 수도 있다. 다른 자료를 찾아보지 않아도 글로 쓰고자 하는 내용이 이미 머릿속에 충분히 저장되어 있거나, 혹은 글쓰기 경험이 매우 많은 전문적이고 능숙한 필자일 경우에는 더더욱 그러하다. 이 책으로 글쓰기를 학습하는 학생들도 자신이 쉽게 다룰 수 있는 글을 쓸 때에는 글쓰기 과정의 하위 단계를 그다지 신경 쓰지 않고도 쉽게 글을 써 나갈 것이다. 하지만 대학에서 이루어지는 글쓰기는 대부분 쉽게 다룰 수 있는 내용이 아니다.

이러한 대학 글쓰기의 특징으로 인해, 개요 작성 및 구성하기 단계의 중요성은 '주의력의 한계'와도 연결 지어 설명할 수 있다. 글을 쓸 때 반드시 필요한 것이 '주의력'이다. 이름 석 자를 겨우 쓰는 것이라면 모를까, 옆 사람과 대화를 하거나, TV를 보면서 제대로 된 글을 쓰는 것은 불가능하다. 그런데 사람의 중요한 능력 중 하나인 주의력은, 한 편의 완결된 글을 한꺼번에 쭉 써 내려가기에는 그 용량이 충분하지 못하다. 그렇기 때문에 글쓰기를 할 때에는 이 한정된 주의 자원을 주도면밀하게 이동해야 한다. 개요를 작성한 뒤에 글을 쓰는 것은, 이러한 인지 자원의 한계를 극복하는 데에 큰 도움이 된다.

글쓰기는 단순한 글씨 쓰기가 아니라, 복합적인 인지적 능력을 요구하는 고차적 사고활동이다. 과제로 부과되는 글쓰기 주제의 대부분이 익숙하지 않은 내용이라는 점은 이러한 주장을 더욱더 뒷받침한다. 그렇기 때문에 자신이 잘 알지 못하는 내용에 대해 자료를 찾고 공부를 해 가면서 글을 쓰기 위해서는 일정한 원리와 방법에 따라 글을 써 보는 연습을 하는 것이 바람직하다.

2. 개요 작성하기 방법

개요는 간결하게 추려 낸 주요 내용이라는 뜻인데, 글을 쓰기 전에 쓸 내용을 정리한 계획을 말한다. 개요를 미리 짜면 글을 쓸 때 방향을 잃지 않고 중요한 내용을 빠뜨리지 않게 쓸 수 있다. 또 글을 다 쓰고 고쳐 쓸 때에도 도움이 된다.

개요를 작성하기 위해서는, 먼저 자료 수집 및 정리하기 단계에서 확보한 내용을 충분히 숙지하고 있어야 한다. 계획하기 단계에서 선정한 핵심적인 단어를 중심으로 삼고, 자료 수집 및 정리 단계에서 마련한 내용을 검토하여 중요하다고 생각하는 내용을 찾아낸다. 생각이 잘 정리되지 않는다면, 구두로 다른 이들에게 설명해 보거나 혼잣말로 해 보는 것도 좋은 방법이다. 내용을 정리하기 위해 글의 전반적인 내용을 누군가에게 말로 설명하게 되면 요점을 정리할 수 있을 뿐만 아니라 중요한 내용과 부차적 내용, 주제와 관련이 없는 내용을 구분하는 데에 도움이 된다. 이때에 새롭게 떠오른 생각을 잘 정리하거나 녹음해 두는 것도 글의 내용을 풍부하게 하는 데에 도움이 된다. 이러한 방법을 통해 글에 포함할 내용이 어느 정도 머릿속에 그려졌다면, 다음으로는 개요의 유형을 선택해 실제로 개요를 작성해야 한다.

개요의 유형은 매우 다양하나, 여기에서는 개조식과 문장식으로 구분하여 살펴보기로 한다.

〈표 7-1〉 개조식 개요와 문장식 개요의 예

개조식 개요	문장식 개요
I. 문제제기-가계 대출의 증가	I. 가계 대출 총규모가 급격한 속도로 증가하고 있다.
II. 까다로운 가계 대출 조건의 문제점	II. 가계 대출 조건을 까다롭게 하는 정책은 가계 대출 총규모를 줄일 수는 있지만 소규모 자영업자들을 더 어렵게 만든다.
III. 가계 대출 증가의 주요 원인	III. 가계 대출이 증가하는 주요 원인은 소규모 창업 목적이며, 흔히 우려하는 부동산 투자 목적 대출은 감소하고 있다.
IV. 세밀한 대출 정책의 필요성	IV. 가계 대출의 목적을 구분하여 대출 조건을 달리 하는 세밀한 정책이 필요하다.

개조식은 '저출산 문제의 심각성'과 같은 방식으로 작성하는 것이다. 개조식 개요는 서술이 길어지는 문장을 가급적 피하고, 요점만을 간략하게 적도록 한다. 간결한 정보 전달에 유리하며, 분량이 줄어들고 개요의 전반적인 내용이 한눈에 들어온다는 장점이 있다.

문장식은 '저출산 문제는 급격한 인구 절벽 사태를 야기하는 주요 원인이 된다.'와 같은 방식으로 작성하는 것이다. 문장식 개요는 완결된 문장으로 작성하기 때문에 개조식과 달리 목차로 사용하기에 부적절하다. 하지만 문장식으로 개요를 작성할 경우 개조식에 비해 많은 정보를 담을 수 있어서, 각 항목 사이의 흐름이나 관계를 파악하기가 용이하다. 또한 개요로 작성한 내용을 글 본문의 중심문장으로 활용할 수 있다는 점도 문장식 개요가 갖고 있는 장점이다.

다음과 같이 개조식 개요와 문장식 개요를 섞어서 사용하는 것도 가능하다.

행복의 문 하나가 닫히면 다른 문이 열린다. 그러나 우리는 대개 닫힌 문을 멍하니 바라보다가 우리를 향해 열린 문을 보지 못한다. - 헬렌 켈러

제목: 술의 장점과 단점

주제문: 술은 부분적으로 효용이 있으나 대체로 해롭다.

I. 서 론: ① 술과 일상생활의 관계
　　　　② 본론의 내용 요약 소개

II. 본 론
　1. 술의 장점
　　A. 정신과 육체
　　　① 괴로움을 잊게 한다.
　　　② 상상력을 풍부하게 한다.
　　B. 생활면
　　　① 기분을 전환시킨다.
　　　② 사교 생활에 도움을 준다.
　2. 술의 단점
　　A. 정신과 육체
　　　① 의지가 약한 사람에게 충동제가 된다.
　　　② 기억력을 감퇴시킨다.
　　　③ 알코올 중독의 위험이 있다.
　　B. 생활면
　　　① 돈과 시간을 낭비하게 된다.
　　　② 작업 능률을 저하시킨다.

III. 결 론: 우리가 술에 대한 올바른 태도를 갖기 위한 실천 방안

실천 활동

1 다음에 주어진 내용을 참고하여, '현대인의 인간성 회복'이라는 제목에 해당하는 개요를 작성하시오.

주제문 : 현대인은 기계문명과 과학의 발달로 인해 점점 상실되어 가는 인간성 회복을 위한 방안을 마련하기 위하여 노력해야 한다.

〈보기〉

- 인간성 상실
- 물질 만능주의
- 기계적인 사고방식
- 인간성 상실의 실상
- 인간성 상실의 원인
- 인간성 회복의 방안
- 상실된 인간성의 회복
- 과학 발전이 끼치는 폐해
- 물질보다 정신적 안락을 중시
- 기계문명에 의한 사고와 행동의 제약
- 인간성 상실의 원인 파악과 회복 방안
- 자율성을 함양하고 감정과 이성에 따라 사고
- 인간이 과학의 주체가 아닌 대상으로 인식
- 과학 발전의 바람직한 방향을 법적으로 규제
- 현대인은 기계문명과 과학의 발달로 상실된 인간성을 회복해야 함

약간의 근심, 고통, 고난은 항시 누구에게나 필요한 것이다. 바닥에 짐을 싣지 않은 배는 안전하지 못하여 곧장 갈 수 없으리라. – 쇼펜하우어

서 론: ______________________________

1. ______________________________

2. ______________________________

본 론 1: ______________________________

가. ______________________________

1) ______________________________

2) ______________________________

3) ______________________________

나. ______________________________

1) ______________________________

2) ______________________________

3) ______________________________

본 론 2: ______________________________

1) ______________________________

2) ______________________________

3) ______________________________

결 론: ______________________________

2 다음 보기의 내용을 참고하여, 주어진 주제문에 맞게 개요를 작성하시오.

제목: 계산된 일본의 독도 망언

주제문: 일본의 습관적인 망언에 단호하고 분명한 태도를 보여야 한다.

〈보기〉

- 일본이 독도 영유권을 주장하고 있다.
- 일본의 주장에는 계산된 의도가 있다.
- 역사적 자료로 일본의 망언을 반박한다.
- 일본의 망언에 대해 강력하게 대처해야 한다.
- 국제사회에 분쟁 여지가 있는 것처럼 보이려는 의도가 있다.
- 일본의 습관적인 망언에 단호하고 분명한 태도를 보여야 한다.
- 경제수역 선포로 예상되는 외교 분쟁에 대해 철저하게 대비한다.
- 경제수역 선포로 야기될 어업의 주도권을 확보하려는 의도가 있다.

서 론: ______________________________

본 론 1: ______________________________

1) ______________________________

2) ______________________________

본 론 2: ______________________________

1) ______________________________

2) ______________________________

3) ______________________________

결 론: ______________________________

권리의 진정한 근원은 의무다. - 간디

3. 글 구성하기

글 구성이란, 수집 및 정리한 자료를 의미 있는 전체로 엮어 내는 것을 뜻한다. 필자는 자신의 의도에 따라 일정한 순서대로 글의 내용을 배열해야 한다. 물론 이때에도 글을 쓰는 목적과 글을 쓰는 맥락, 설정한 예상 독자 등에 따라 글의 구성 방식은 달라진다.

글쓰기의 관습을 지켜 글을 구성할 경우, 예상 독자가 좀 더 선호하는 글이 될 수 있으며, 이는 글을 쓰려는 목적을 보다 잘 달성하는 것이기도 하다. 따라서 반드시 따라야 하는 글의 구성 방식이 있는 것은 아니지만 대학에서 이루어지는 글쓰기의 관습을 익혀 두는 것은 매우 중요하다. 대학 글쓰기의 관습은 학문적 글쓰기라면 두루 통용되는 것과 세부 학문 분야에서만 통용되는 것으로 크게 나눌 수 있다. 이 책은 보편적인 글쓰기 관습에 대해서만 소개하기로 한다.

관습이란 어떤 사회에서 오랫동안 지켜 내려와 그 사회 성원들이 널리 인정하는 질서나 풍습을 의미하는데, 글쓰기의 관습에는 장르적 특성이나 언어 규범 등이 대표적이다. 관습을 지켜 글을 쓴다는 것은 예상 독자의 요구를 충족시켜 글을 쓰는 목적을 달성하는 데에 기여한다는 의의를 갖는다. 교수님들을 예상 독자로 글을 쓰는 대학생이 글쓰기의 관습을 충실히 지키지 않는다면, 특별히 뛰어난 글이 아닌 한 좋지 않은 평가를 받게 될 가능성이 높다. 글쓰기에 대한 학습이 제대로 되어 있지 않다고 생각할 수 있기 때문이다.

글쓰기의 관습은 작문의 목적, 주제, 독자의 요구, 상황 등이 상호작용하는 과정에서 형성된 것이다. 물론 장르별로 이러한 관습의 엄격성에 차이가 있다. 예컨대, 수필 등은 관습의 엄격성이 약하지만, 학술 논문은 엄격성이 매우 높다. 처음 대학에 입학한 학생 대부분은 대학에서 이루어지는 글쓰기가 갖고 있는 관습에 익숙하지 않다. 하지만 익숙하지 않다고 해서 글쓰기 과제를 부과하는 교수님들이 이해해 줄 것이라 기대하는 것은 곤란하다. 부과된 과제에 특별한 요구 사항이 없었다면, 최대한 기존에 존재하는 관습대로 지켜서 글을 작성할 필요가 있다.

가장 널리 알려진 구성하기와 관련된 관습은 글의 조직 원리다(염창권, 1996). 그 내용을 간단히 소개하면 다음과 같다. 첫째, 모든 글은 처음-가운데-끝, 혹은 서론-본론-결론, 혹은 기-승-전-결의 구조를 가져야 한다. 둘째, 하나의 문단은 하나의 생각만을 담고 있어야 한다. 셋째, 글의 모든 내용은 글의 주제를 뒷받침하는 데에 기여해야 한다. 넷째, 글의 내용은 주제를 효과적으로 드러낼 수 있는 방식으로 배열되어야 한다.

적절한 글 구성을 위해 알아 두어야 할 여러 원리 중에 대학생들이 눈여겨 보아야 할 점 중에는 통일성의 원리도 있다. 통일성이란 의미 차원에서 유기적으로 연결되는 글의 특성을 말한다. 다시 간단히 말하면 주제에서 벗어난 내용이 없어야 한다는 점을 말한다. 대학에서 과제로 이루어지는 글쓰기는 다양한 참고 자료를 활용하며, 분량도 많기 때문에 쉬지 않고 한번에 쓰는 경우가 거의 없다. 이처럼 오랜 시간에 걸쳐 많은 정보를 처리해야 하기 때문에, 글쓰기 과제를 수행하는 학생들은 주제와 관련이 없는 내용을 글 속에 포함하고도 이를 발견하지 못하는 상황이 종종 생기곤 한다.

글에 포함되는 모든 내용은 글이 궁극적으로 말하고자 하는 '주제'를 드러내는 데에 기여해야 한다. 이를 통일성의 원리라고 부른다. 통일성의 원리를 지킴으로써 글쓰기를 통해 자신이 말하고자 하는 바를 분명하게 드러낼 수 있으며, 글을 읽을 사람에게 자신이 말하고자 하는 바를 분명하게 전달할 수 있다. 단숨에 써 내려갈 수 없는 긴 글을 쓰면서도 통일성의 원리를 지키고자 한다면, 무엇보다도 앞에서 설명한 개요를 분명히 작성해 두어야 한다.

이 외에도 일정한 구성 모형을 알아 두는 것은 글을 구성하는 데에 도움

신은 우리에게 성공을 요구하지 않는다. 신은 단지 우리가 노력하기를 바라고 있다. - 테레사

이 된다. 구성 모형이란 글이 갖고 있는 특성에 따라 전개해야 할 내용을 체계화할 수 있게 도와주는 절차나 단계를 정리한 것을 말한다. 대부분의 모형이 그렇듯, 엄격하게 지켜야 하는 것은 아니며 자신의 의도에 따라 얼마든지 변형이 가능하다. 다시 말해, 구성의 순서가 반드시 구성 모형을 따라야 하는 것은 아니다. 그렇기 때문에 기본적인 원리를 익힌 상태에서, 자신의 글쓰기 목적이나 맥락에 맞게 적절히 변형해 나가야 한다.

널리 알려진 구성 모형으로는 다음과 같은 것을 들 수 있다. 각각의 항목은 질문으로 끝이 나는데, 해당 질문에 대한 답변을 한 뒤에 답변 내용을 모아 보면 한 편의 완결된 글에 근접하도록 해 주는 부가적인 장점도 있다.

◇ 자신의 의견을 주장하는 보고서

가. 서 론

- 무엇이 문제인가?
- 왜 이 문제가 중요한가?
- 주제와 관련되어 최근에 어떠한 논의가 있었나?
- 내가 주장하고자 하는 것은 무엇인가?

나. 본 론

- 그동안 어떠한 주장이 있었나?
- 각각의 주장은 어떠한 장단점을 갖고 있나?
- (하위 문제는 무엇인가?)
- 자신의 견해는 무엇인가?

다. 결 론

- 예상되는 반론은 무엇인가?
- 반론에 대한 나의 반론은 무엇인가?

-자신의 주장을 실현하기 위해 독자들은 무엇을 해야 하는가?

-앞으로 무엇을 더 해야 하는가?

◇ 감상, 비평 등과 관련된 보고서

가. 서 론

-감상이나 비평의 대상은 무엇인가?

-이 작품은 무엇에 대한 것인가? (몇 단어)

-그 무엇은 어떠한가? (한두 문장)

-작가, 감독이나 배경 등과 관련하여 의미 있는 사실은 무엇인가?

-자신은 이 작품의 어떠한 면을 눈여겨보았는가?

나. 본 론

-이미지, 주제, 인물, 구조, 상징, 언어 등은 어떠한 특징을 갖고 있는가?

-자신은 작품을 대하면서 어떠한 생각을 했는가? 어떠한 감정을 가졌는가?

-자신의 경험과 연결 지을 수 있는 부분이 있다면 어떤 것인가?

다. 결 론

-본론에 포함하기엔 적절하지 않으나 더 하고 싶은 말이 있는가?

◇ 비교/대조를 통한 설명이 필요한 보고서

가. 서 론

-A란 무엇인가?

-B란 무엇인가?

-A와 B의 공통점을 간단히 표현하면?

-왜 A와 B를 다루려고 하는가?

- 이 글을 쓰기 위해 어떠한 자료를 찾아보았는가?
- 궁극적으로 내가 하고 싶은 말을 간단히 표현하면?

나. 본 론(택 1)

본론 구성 1	본론 구성 2	본론 구성 3
-A에 대한 자세한 설명 -B에 대한 자세한 설명 -A와 B의 공통점과 차이점은 무엇인가?	-A와 B의 공통점 -A와 B의 차이점 -무엇이 문제이며, 내가 하고 싶은 말은 무엇인가?	-쟁점 1에 대한 A와 B의 관계 -쟁점 2에 대한 A와 B의 관계 -쟁점 3에 대한 A와 B의 관계

다. 결 론

- 왜 A와 B에 대한 비교 · 대조가 의미가 있는가?
- 본론 내용을 간단히 요약하면?

실천 활동

1 다음 주어진 글을 읽고 글의 구조를 파악해 보시오.

(가) 별생각 없이 불상을 보아 온 사람이라면 그 부처가 그 부처라고 생각하고 있을 것이다. 그러나 분명히 말하건대 당신이 본 그 불상의 모습은 오직 그 불상만의 모습일 뿐이다. 천이면 천, 만이면 만 개의 불상이 제각기 다른 모습이다.

(나) 부처의 모습이란 곧 절대자의 모습이다. 그 절대자는 한 가지 모습을 지니고 있는 것이 아니며 우리가 머릿속에 그리는 절대자의 상도 한 가지가 아니다. 모든 불상은 그것을 짝했던 시기와 발원했던 사람들이 지니고 있던 절대자의 모습을 반영하고 있는 것이다.

(다) 경주 삼화령의 아기 부처는 절대자의 친절성이 극명하게 나타나 있다. 절대자는 그런 친절성으로 우리를 구원해 준다는 신앙의 형태가 그런 아름다운 미소를 짓게 했다. 7세기 전반 신라의 불상이다.
석굴암의 본존불은 이상적인 인간상이자 신의 인간화라는 불성(佛性)과 인성(人性)의 조화를 보여 준다. 거기에서는 모든 질서가 완벽하게 구현되어 빈틈도 없고 흔들림도 없는 원만함으로 가득하다. 8세기 후반의 통일신라의 불상이다.

(라) 이에 반하여 논산 관촉사의 관세음보살상 속칭 은진미륵에 이르면 무엇인가 괴력을 소유하고 있는 사면적 형상으로 나타난다. 은진미륵을 만든 사람이 절대자에게 기대하는 그 무엇은 질서와 안정이 아니라 변화와 파괴까지 가져올 수 있는 신통력이었다. 10세기 고려시대 지방에서 제작된 불상이다.

(마) 백제 시대 최고의 명작으로 알려진 금동미륵반가사유상의 저 편안한 미소는 칼 야스퍼스가 일본 코오류우지(廣隆寺)에 있는 백제계의 목조반가사유상에 보낸 찬사를 원용해 보면 모든 번뇌로부터 해탈한 절대자의 마음의 평정을 의미한다.

(바) 그러면 지금 우리가 도피안사에서 보고 있는 이 도전적이고 씩씩하고 개성적인 불상의 이미지란 무엇인가? 그것은 9세기 철원 지방의 호족이 지닌 자화상적 이미지다. 왕권과 중앙 귀족이 원하는 세계는 석굴암 본존불 같은 원만한 질서다. 꽉 짜인 틀 속에 모든 것이 종속하기를 바라는 보편성의 추구다. 그러나 지방의 호족은 달랐다. 그 보편적 틀 때문에 자신의 인간적, 사회적 능력을 제약받고 있었던 것이다. 그들은 그 틀을 깨어 버려야 했다. 능력 있는 자가 부처라는 이미지로 몰고 갔던 것이다. 궁예는 그런 호족의 하나로 드디어 왕을 자처하기에 이르렀던 것이다. 이 점은 하대 신라의 여러 불상에도 그대로 적용된다.

출처: 유홍준(2009).

(가) 최근 들어 경제성장에 기여하는 대학의 역할을 강조하려는 노력이 호응을 얻고 있다. 대학 총장이 지역 사회의 후원금 모금 모임에 가서 대학이 수행하는 연구가 경제성장에 기여한다는 확신을 심어 주며 '연구'대학을 위한 로비 활동을 펼친다. 또 대학 경영진은 대학이 전 국민에게 기여한 점들을 모아 출판한다. 대학들은 자신의 공헌을 내세우는 보고서를 의뢰하기도 한다. 가령 매사추세츠공과대는 1997년에 뱅크보스턴이 작성한 보고서 「MIT: 혁신이 미치는 영향」 작성을 지원했다.

(나) 물론 이런 관점이 틀리지는 않지만 극단적으로 단순한 인식이기도 하다. 대학과 공공부문 연구소가 수행한 연구 대부분이 즉각 신상품과 공정에 적용되지는 않는다. 시간이 필요한 것이다. 1950년대 후반에 발견한 레이저는 광범위하게 응용할 수 있는 기술이라는 기대감에 '문제를 찾고 있는 해결책'이라고 묘사되곤 했다. 하지만 신제품과 공정에 실제 적용되기까지 20년이 넘게 걸렸다. 잡종옥수수는 19세기 후반에 처음 생산되었지만 1930년대 들어서야 상업화되었다. 생명공학 기술도 대부분 1950년대 이후 수행한 연구 결과를 바탕으로 발전했다. 물론 예외도 있다. 월드 와이드 웹은 거의 처음부터 큰 반향을 몰고 왔으며 스탠퍼드대에서 시작한 구글은 설립 후 불과 5년 이내에 검색 방식을 송두리째 바꿔 놓았다.

(다) 또 기초연구를 신제품과 공정으로 탈바꿈시키려면 엄청난 투자와 노하우가 필요하다. 대학과 공공 부문 연구서들은 시장에 신제품과 공정을 도입해서 이를 구성하고 운영하는 능력이 탁월하지 않다. 그런 분야는 아무래도 기업이 전문가다. "혁신이라는 측면에서 공공연구단체는 결코 2류 연구소에도 미치지 못할 것"이라고 말할 정도니 말이다.

(라) 대학이 개발한 제품과 공정을 대하는 배타적인 시선 역시 대학의 연구가 경제발전에서 담당하는 역할을 과소평가하게 한다. 기초연구가 즉각 경제적인 혜택이나 실체가 뚜렷한 제품 생산으로 이어지기 어렵지만, 그 대신 '결국 상업적인 혁신으로 이어지는 추가적인 연구에 긴요한' 중간 투입 요소를 제공한다. 대학에서 비롯한 상품과 공정을 배타적으로 바라보면 후속 연구가 성공한 연구뿐만 아니라 실패한 연구가 만들어 놓은 토대 위에서 완성된

다는 인식을 하지 못하게 된다. 대학의 연구는 지식의 성공과 실패 양쪽 흐름 모두에 기여하는데도 말이다.

(마) 연구가 공공연구소에서 수행되었다는 이유로, 만일 공공 부문에서 수행하지 않았더라면 신상품과 공정 결과로 이어지지 못했을 것이라고 봐서는 안 된다는 점도 중요하다. 과학에서는 동시에 연구가 진행될 때가 많다. 다발적인 연구가 없다고 해서 곧 그 발견이 공표될 당시 진행 중인 연구가 없었다는 의미는 아니다. 누군가가 우선권을 부여받으면 과학자들은 하던 연구를 중도에 그만두기도 하기 때문이다.

(바) 제품과 공정에만 집중하다 보면 산업계에서 대학으로 전해지는 중요한 피드백을 무시하게 될 수 있다. 대학교수들은 산업계 종사자들과 상호작용하며 연구 아이디어를 얻는다. 바코드가 그런 사례로, 대학 연구원들이 산업계에서 새로운 도구와 기술을 습득했다. 또 학계의 신설 학과는 특정 연구나 훈련이 필요하다는 산업계의 요구에 맞춰 생겨난다. 전기공학, 화학공학도 그렇게 탄생했다. 산업계는 학계에 새로운 학위 과정과 학과를 신설하도록 압력을 가하는데, 분자 생물학과도 그런 과정 끝에 신설되었다.

출처: Stephan(2013).

2 동료 평가

교재를 동료와 교환한 후 동료가 작성한 개요 한 가지를 선택하여 다음 활동을 해 보시오.

→ 동료 평가자 정보(학과: 이름:)

→ 동료가 작성한 개요의 내용 중, 적절하다고 생각하는 점

→ 더 추가하거나 보충해 주었으면 하는 점(혹은 수정했으면 하는 점)

3 개요 수정하기

→ 동료 평가의 결과를 토대로, 개요를 수정해 보자.

글쓰기 오류 바로잡기!
- 표준어 2 -

늘그막/늙으막
떡볶이/떡볶기
예부터/옛부터
안쓰럽다/안스럽다
오뚝이/오뚜기
재떨이/재털이
족집게/쪽집개/쪽집게
금새/금세
단언컨대/단언컨데
희안하다/희한하다
간질이다/간지르다
하마터면/하마트면
납작하다/납짝하다

어떻게 결말을 지을까?(한국교원대학교, 1995)

1. 주제를 강조한다.
   - 본문의 주제가 되는 사항을 마지막에 다시 한번 언급함으로써 글을 전체적으로 정리한다.
2. 여운을 남긴다.
   - 어떤 결론을 내리지 않고 여운을 남긴다.

3. 감상을 피력한다.

- 필자의 인품이나 인생관을 드러낼 수 있는 필자 자신의 감상을 써 본다.

4. 개성 있는 의견을 제시한다.

- 개성적인 기지에 빛나는 말을 쓰는 것도 독자를 감동시킬 수 있다.

5. 반성이나 훈계를 써 본다.

- 필자의 반성과 훈계는 필자의 깊은 생각과 인격을 나타내므로, 독자에게 호감을 준다.

6. 풍자나 비판을 한다.

- 문제점을 직설적으로 드러내기보다 풍자의 수법을 활용하면, 독자에게 강한 인상과 강조의 효과를 얻을 수 있다.

7. 서두와 대응한다.

- 서두의 내용과 결말의 내용을 대응하면 자연스럽게 글의 통일성(일관성)을 유지할 수 있다.

8. 결론과 총괄을 내린다.

- '요컨대'와 같은 어휘를 사용하여, 필자가 지금까지 강조하여 쓴 내용을 정리 요약한다면 독자에게 좋은 서비스가 된다.

9. 요망 사항 제시

- 호소하는 문장에 적합하다. 요망 사항은 논지의 전개를 자연스럽고 합리적이게 하며 설득력을 준다.

10. 인용의 효과를 꾀해 본다.

- 다른 사람의 의견이나 어구를 인용하여 글의 매듭을 짓는다.

11. 격언이나 명언을 활용해 본다.

- 짧은 어구 속에 교훈을 담고 있는 격언이나 명언으로 결말을 장식하는 것도 효과적이다.

12. 의문을 제기해 본다.

- 마지막 문장을 의문문의 형식으로 끝맺음으로써 독자의 자발적인 판단을 유도할 수 있다.

제8장

집필하기 및 고쳐쓰기

다음은 글쓰기 습관에 대한 점검 항목이다. '예, 아니요'로 답해 보자.

- 나는 내가 A4 1매 분량의 보고서를 쓰기 위해 걸리는 시간이 얼마인지 잘 알고 있다.
- 나는 글을 쓰기 전에 나를 방해할 만한 것이 없는지 먼저 확인한다.
- 나는 초고를 쓸 때부터 어법(맞춤법 등)에 신경을 쓰는 편이다.
- 나는 초고를 작성하다가 글을 쓰기 어렵다는 생각이 들면 적극적으로 해결 방법을 찾는다.

1. 집필하기의 개념과 특징

집필하기 단계는 계획하기, 자료 수집 및 정리하기, 개요 작성 및 구성하기 등의 단계를 통해 확보한 내용을 실제 글로 작성하는 단계를 말한다. 지금까지 앞 장에서 학습한 모든 내용은 결국 집필하기를 원활하게 하기 위한 것이었다. 글쓰기에 대한 오해 중 하나는 집필하기 단계만을 글쓰기라고 생각하는 것이다. 물론 이렇게 생각하게 된 데에는, 앞의 단계가 대부분 머릿속에서 일어나기 때문에 눈에 보이지 않는다는 점이 크게 작용했을 것이다. 하지만 집필하기 단계에서 필자는 매우 많은 작업을 동시에 진행해 나가야 한다. 앞선 글쓰기 단계에서 얻어 낸 내용을 떠올리면서, 동시에 자신이 전달하고자 하는 바에 적합한 단어나 어휘를 선정해야 한다. 또한 문장을 정확하고 효과적으로 구성하는 데에도 신경을 써야 한다. 수없이 많은 선택과 결정을 내려야 하는 상황의 연속인 것이다.

집필하기 단계의 어려움은 운전을 처음 배울 때 겪는 어려움에 비유할 수 있다. 이제 막 운전을 배우기 시작한 사람들은 운전이 익숙한 사람들과는 달리, 차량을 출발시키기 위해 거쳐야 하는 매우 많은 단계(문 열기-자리에 앉기-문 닫기-안전벨트 매기-기어 중립 확인-차량 열쇠 꽂기-브레이크 페달 밟기-열쇠 돌려 시동 켜기 등)를 의식적으로 떠올려야 한다. 만일 이때 누군가가 옆에 있어서 대화를 해야 하는 상황이라면, 대부분은 출발하기까지의 과정을 제대로 떠올리는 데에 실패하게 된다. 하지만 운전이 익숙한 사람이라면 어떨까? 음악을 듣고 있건, 주변이 소란스럽건, 옆에서 어떠한 흥미 있는 이야기를 하건 차량을 출발시키는 데에 아무런 어려움을 겪지 않을 것이다.

머릿속의 생각을 글자로 표현하기까지의 과정 역시 이와 마찬가지다. 이제 막 글쓰기를 배우기 시작한 초등학교 1학년 학생들은 자신의 이름을 쓰기 위해서 혼신의 노력을 기울여야 한다. 주위 사람과 대화를 하면서 자신의 이름을 쓰라고 한다면, 이제 막 운전을 배우기 시작한 사람이 차량을 출발시키기 위한 절차를 떠올리는 데에 어려움을 겪는 것처럼 실패할 확률이 매우 높을 것이다. 하지만 대학생들에게 수업의 내용을 놓치지 않으면서 자신의 이름을 펜으로 써 보라고 하면, 그 누구도 이름을 쓰는 데에 어려움을 겪지 않을 것이다. 초등학교 1학년 학생과 대학생의 이러한 차이는 인지적 능력의 차이로 설명할 수 있다. 초등학교 1학년 학생들은 대학생만큼 인지적 능력이 발달하지 않았기 때문에, 대학생들이 아무렇지도 않게 해내는 이름 쓰기를 어려워하는 것이다.

하지만 모든 글쓰기 과제가 이름 쓰기처럼 간단한 것은 아니다. 대학에서 학업 수행을 위해 부과되는 글쓰기는 결코 간단하지 않으며, 쉽게 해결되지 않는 문제 상황의 연속이다. 대학 수업에서 과제로 주어지는 글쓰기에 대해 대학생이 느끼는 어려움은, 이제 막 글씨 쓰기를 배우기 시작한 초등학교 1학년 학생에게 두 문장으로 된 글을 써 보라고 했을 때 느끼는 어려움과 크게 다르지 않을 것이다. 집필하기 단계가 어려운 이유는 바로 여기에 있다.

그렇기 때문에 집필하기 단계를 보다 수월하게 해 나가려면, 오로지 글을 쓰고 있는 내용에만 집중할 수 있도록 자신이 처해 있는 글쓰기 상황을 적극적으로 조성해 나가야 한다. 집필하기를 할 때에는 머릿속에서 크게 두 가지 기능이 작용한다(Proett & Gill, 1986). 첫째는 떠오른 생각을 문자로 옮기는 전사하기(description) 기능이다. 둘째는 어법적인 면이나 글을 쓰는 목적과 맥락, 예상 독자 등 글쓰기를 둘러싼 다양한 요소에 비추어 보았을 때 자신이 적절한 글을 쓰고 있는지를 살피는, 점검하기(monitoring) 기능이다. 그런데 글씨를 써 나가는 속도는 생각의 속도를 따라잡지 못한다. 그렇기 때문에 전사하기 기능은 최대한 빠른 속도로 글씨를 써 내려갈 것을 요구한다. 하지만 점검하기 기능은 빠른 속도로 쓰기보다는 '제대로 된' 글을 쓸 것을 요구한다. 자신이 처해 있는 글쓰기 상황을 적극적으로 조성해 나간다는 것은 이 두 기능이 서로를 방해하지 않고, 좋은 글을 작성하는 데에 협조적으로 협력할 수 있도록 하는 것을 의미한다.

이상의 내용을 토대로 했을 때, 집필하기 단계에서는 다음과 같은 점을 알아 두는 것이 도움이 된다.

첫째, 사람마다 글을 쓰는 속도는 서로 다르다. 그렇기 때문에 자신의 글쓰기 속도를 평소에 측정하여 부과된 글쓰기를 완수하는 데에 걸리는 시간을 충분히 확보해야 한다.

둘째, 글을 쓸 때에는 당연히 글을 쓰는 데에 집중해야 한다. 방해받지 않기 위해서는 오로지 글쓰기에만 집중할 수 있는 여건을 스스로 조성해야 한다. 기숙사의 같은 방을 쓰는 친구가 게임을 하고 있거나 야식을 먹고 있다면 결코 글쓰기에 적절한 환경이라고 보기 어렵다.

셋째, 집필하기를 할 때에는 정서법과 같은 규범에 얽매이지 않는 것이 좋다. 왜냐하면 규범에 신경을 쓰는 것은 글의 내용에 집중하는 것을 방해하기 때문이다. 검토 및 고쳐쓰기 단계가 남아 있다는 점을 분명히 인식하고, 집필하기를 할 때에는 오직 내용에만 집중하는 것이 보다 좋은 글을 작성하는 데에 도움이 된다. 만일 스스로 어법적인 면에서 부족함을 느낀다면, 이에 대해서는 별도로 공부를 해 두어야 집필하기 단계에서 발생할 수 있는 어려움을 줄일 수 있다.

넷째, 집필하기를 모두 마치지 않았더라도, 보다 구체적인 내용이 필요하다면 자료 수집이나 내용 생성 단계로 돌아갈 수 있다. 또한 마련한 내용이 불필요하다고 생각되면 삭제할 수도 있다. 능숙한 필자들도 집필하기 단계에 들어섰다가 계획하기, 자료 수집 및 정리하기, 개요 작성 및 구성하기 등으로 돌아가곤 한다.

다섯째, 집필하기 전에 거쳐야 하는 단계에 아무리 공을 들였다 하더라도, 집필하기 단계에서 필자들은 여러 가지 예상하지 못한 어려움에 부딪히게 된다. 이런 어려움을 해소할 수 있는 방안을 적극적으로 모색해야 한다. 다음 절에서 살펴볼 표현하기 단계에서 활용할 수 있는 방안은 모두 여기에서 활용할 수 있는 방법이다.

2. 집필하기 단계에서 활용할 수 있는 방법

1) 집필하기 단계에서 스스로에게 던질 수 있는 질문

집필하기 단계에서 스스로에게 적절히 던질 수 있는 질문으로는 다음과 같은 것을 들 수 있다(한철우 외, 2003a).

- 나는 어떠한 목적으로 이 글을 쓰고 있는가?
  - 계획하기 단계에서 설정한 글을 쓰는 목적에서 벗어나지 않았는지를 끊임없이 점검한다.
- 내가 궁극적으로 말하고자 하는 바는 무엇인가?
  - 글의 주제나 핵심 내용에서 벗어나는 내용을 쓰고 있지는 않은지 성찰한다.
- 가장 효과적인 내용 배열 방식은 어떤 것일까?
  - 개요 작성 및 구성하기 단계에서 결정한 방식으로 글을 썼을 때 효과적인 것으로 보이는지 확인한다.
- 어떻게 하면 내가 의도한 바를 보다 효과적으로 전달할 수 있을까?
  - 집필하기 전 단계에서 떠올리지 못했으나 집필하기 단계에서 떠오른 아이디어를 살린다.
- 정서법과 같은 부분에 너무 지나치게 신경 쓰고 있지는 않은가?
  - 수정의 기회는 충분히 있으므로, 집필하기 단계에서는 일단 글을 완성하는 데에 집중한다.

2) 좋은 글의 특성

좋은 글이 가지고 있는 요소를 떠올리는 것만으로도 집필하기를 하는 데에 도움을 받을 수 있다.

- 좋은 글은 구체적인 독자를 겨냥한다.
- 좋은 글은 재미가 있다.
- 좋은 글은 쉽고 간결하다.
- 좋은 글은 필자의 뚜렷한 생각을 드러낸다.
- 좋은 글은 참신하다.
- 좋은 글은 강한 인상을 준다.
- 좋은 글은 구두점, 맞춤법, 단어 사용이 정확하다.

실천 활동

■ 제7장에서 작성한 개요 두 가지 중 하나를 선택하여, 집필하기를 해 보시오.

제목: ______________________________

예상 독자: ______________________________

고려해야 하는 맥락: ______________________________

구체화한 주제: ______________________________

____

____

보통 사람이란 사랑하면 따라온다. 사랑해도 따라오지 않는 사람은 또한 세상에서 버린 사람이다. – 한용운

3. 고쳐쓰기의 개념과 특징

고쳐쓰기 단계란 첫 글을 완성한 뒤 내용이나 형식을 고치는 단계를 말한다. 사람마다 고쳐쓰기를 하는 데에 들이는 시간이나 노력의 정도는 모두 다르다. 고쳐쓰기에 시간과 노력을 기울이면 기울일수록 그에 비례해서 반드시 더 좋은 글을 작성하는 것은 아니다. 하지만 글쓰기 경험이 많지 않거나 미숙한 필자는 고쳐쓰기를 잘 하지 않으려는 경향이 있다. 고쳐쓰기를 거의 하지 않을 때와 비교한다면 고쳐쓰기를 하는 것이 글의 질적인 수준을 더 높여 준다는 것은 분명하다. 고쳐쓰기는 더 좋은 글을 만들기 위한 활동이라고 할 수 있다.

고쳐쓰기는 깊은 고쳐쓰기와 얕은 고쳐쓰기로 구분해서 살펴볼 수 있다. 깊은 고쳐쓰기란 글 전반에 대한 총체적인 수정, 글의 목적이나 유형, 예상 독자의 수정, 문단의 이동, 삭제, 대체, 첨가, 확장, 축소 등 비교적 고쳐쓰기의 범위가 큰 경우를 말한다. 반면에 얕은 고쳐쓰기는 문장, 구나 절, 단어 수준에서의 이동, 삭제, 대체, 첨가, 확장 등 비교적 고쳐쓰기의 범위가 작은 경우를 말한다. 글을 고쳐 쓴다고 하면 종종 맞춤법 검사 정도를 하는 수준으로만 인식하는 경우가 있는데, 이는 고쳐쓰기를 얕은 수준에서만 일어나는 것으로 파악하는 것이다. 이러한 인식은 결과적으로 보다 좋은 글을 작성할 수 있는 기회를 감소하는 것으로 나타난다.

고쳐쓰기 단계에서 알아 두어야 할 원리가 몇 가지 있다.

첫째, 고쳐쓰기는 글쓰기 과정의 전반에 걸쳐서 일어날 수 있다. 능숙한 필자라도 사람에 따라 초고를 완성한 후 고쳐쓰기를 많이 하는 경우가 있고, 초고를 완성하지 않고 고쳐쓰기를 많이 하는 경우가 있다. 어느 것이 반드시 좋은 방식이라고 하기는 어려우며, 여러 차례의 경험을 통해 자신이 편하게 느끼는 방식을 찾아야 한다.

둘째, 고쳐쓰기를 잘 하지 않게 되는 심리적인 원인이 있음을 알고, 이를 의식적으로 통제하기 위해 노력해야 한다. 대학 수업에서 과제로 부과된 글쓰기는 기본적으로 상당한 노력을 기울여야만 완성할 수 있는 것이다. 그렇기 때문에 많은 학생이 초고를 완성하고 나면 자신이 기울인 노력을 온전히 보존하고 싶은 마음이 들게 된다. 또한 오랜 시간 동안 비슷한 내용을 들여다보고 있으면 자신의 글이 갖고 있는 오류가 눈에 보이지 않는 경우가 비일비재하다. 하지만 글쓰기는 본질적으로 다른 이들과의 의사소통을 위한 것이다. 초고를 완성했다고 글쓰기가 끝난 것이 아니다. 다른 이들도 내 글을 읽으면서 정말로 나처럼 생각할 것인지를 진지하게 고민해 보아야 하는 단계가 남아 있는 것이다.

頂門一鍼(정문일침): 따끔한 충고나 교훈 .

4. 고쳐쓰기 단계에서 활용할 수 있는 방법

1) 자기 점검 질문

박영목(2013)은 고쳐쓰기의 각 수준에서 활용할 수 있는 질문을 다음과 같이 제시하고 있다.

〈글 수준에서 고쳐 쓸 때의 기준〉

- 글 전체
  - 글 전체가 명료하게 구성되었는가? 필요한 세부 내용을 적절히 제시하였는가?
  - 주제, 관점, 태도, 표현 등의 일관성이 유지되고 있는가?
  - 적절한 제목을 사용하였는가?
  - 글의 도입은 독자의 흥미를 끄는 표현인가?
- 글의 서론
  - 글의 서론이 적합한가? 그 서론이 흥미롭고 적절한가?
  - 명료하게 진술된 주제문을 포함하고 있는가?
  - 글의 서론이 글 전체의 전개 계획을 명백하게 제시하고 있는가?
- 글의 본론
  - 글의 본론이 일정한 단계로 배열되어 있는가? 독자가 그 단계를 쉽게 알 수 있는가?
  - 글의 본론에서 세부 내용은 중심 내용을 잘 뒷받침하는가?
  - 글의 논리는 타당하고 근거가 충분한가? 주장에 대한 대안을 담고 있는가?
- 글의 결론
  - 본론의 논리나 내용과 일치하는가?

-글의 결론은 예상 독자에게 적절한가?

-글의 결론은 타당한가?

〈문단 수준에서 고쳐 쓸 때의 기준〉

- 각 문단은 논리적으로 전개되었는가?
- 각 문단은 글 전체에 적절히 기여하는가?
- 각 문단은 하나의 중심생각을 담고 있는가?
- 각 문단은 통사적 긴밀성과 의미적 통일성을 보이는가?

〈문장 수준에서 고쳐 쓸 때의 기준〉

- 다양한 문장 형식이 사용되었는가?
- 문장의 길이는 적절한가?
- 문장은 간결하게 표현되었는가?
- 문장은 의미를 명확하게 표현하고 있는가?
- 수식어와 피수식어는 바르게 연결되었는가?
- 주어와 서술어의 호응은 적절한가?
- 문장과 문장이 논리적으로 연결되었는가?

〈단어 수준에서 고쳐 쓸 때의 기준〉

- 단어의 사용은 명료하고 정확한가?
- 글의 문맥과 관련하여 단어 사용이 적절한가?
- 지나치게 추상적인 단어를 사용하지 않았는가?

〈표기의 적절성을 확인하는 기준〉

- 국어 맞춤법에 따라 표기하였는가?
- 적절한 문장부호를 사용하였는가?

2) 동료 평가

동료 평가란 말 그대로 같은 입장에서 글쓰기를 공부하는 학생들이 서로의 글을 평가하는 것을 말한다. 대학 글쓰기의 일반적인 예상 독자는 과제를 부과한 교수님이지만, 동료 평가를 실시하게 되면 예상 독자에 필자와 비슷한 또래의 동료가 포함된다. 이러한 변화는 보다 친근한 대상을 예상 독자로 삼을 수 있게 해 준다는 장점이 있다. 이러한 장점은 또래 집단과의 적극적인 상호작용을 가능하게 하여, 고립되어 글을 쓸 때보다 자기 중심성을 극복할 수 있게 해 주는 요인으로 작용하기도 한다. 학생 필자들은 글을 쓰면서 겪게 되는 어려움을 자연스럽게 동료에게 이야기할 수 있고, 동료 평가 활동을 통해 교수자에게서 피드백을 받을 때와는 다른 편안함을 느낄 수 있다(한철, 박영민, 이재기, 최병흔, 2003b).

다음의 실천 활동에서는 대학 1학년 학생의 보고서를 평가해 보는 활동을 제시하고 있다. 보고서의 내용을 평가해 보되, 수업 상황에 따라서 수강생들이 작성한 글을 동료 평가의 대상으로 선정하는 것도 가능하다.

실천 활동

◆ 다음 글은 대학교 1학년 학생이 작성한 보고서 초안이다. 잘 읽고 이어지는 활동에 답해 보시오.

제목: 한글대학교 기숙사 통금 문제점과 개선 방안

목차

I. 서 론

II. 한글대학교 기숙사 통금의 실태와 문제점

III. 다른 학교 개선 사례와 개선 방향

IV. 결 론

I. 서 론

밤이 되면 어김없이 핸드폰을 켜서 시간을 확인한다. 10시 45분. 공부하던 책을 덮고 가방을 챙겨 열람실을 나온다. 술집에서 한껏 분위기에 취해 있는 다른 친구도 급하게 시간을 확인한다. 마시던 술을 내려놓고 기숙사를 향해 택시 타고 간다.

기숙사를 사용하는 학생들은 모두 공감할 것이다. 유흥을 즐기다 보면 어느새 10시는 훌쩍 넘을 것이고 흥에 취해 분위기를 이어 나가다 보면 11시는 훨씬 넘길 것이다. 하지만 절정을 향해 달릴 때 통금 때문에 자리에서 일어나야 한다. 그러다 보면 흐름은 끊기게 되며 아쉬움만 가득할 수밖에 없다.

기숙사 생활을 한 지 일곱 달이 된 지금도 글쓴이는 여전히 통금 시간에 불만이 있다. 선배들도 통금 시간 때문에 짧은 시간 동안 술자리를 즐기거나, 조금이라도 더 공부하려고 열람실을 일찍 갔다고 한다. 자유를 즐기고 싶은 대학생, 기숙사의 통금이라는 이유로 억압된 생활을 하고 젊음을 즐길 수 없다는 것은 너무 허무하고 청춘이 아깝다.

우리 학교 기숙사 통금 시간은 밤 11시다. 밤 11시가 되면 각 과마다 점호 대표들이 와서 일일이 다 확인한다. 무단 외박을 하거나 11시에서 1시 사이에 입사한 자는 벌점 5점을 받게 된다.[1] 이 벌점을 4번만 더 받으면 퇴사라는 것이 주어진다. 이것이 우리가 통금을 지킬 수밖에 없는 이유다. 기숙사를 이용하는 학생들 중 부모님에게 짐이 되길 원하는 학생은 없을 것이다.

학생들은 통금을 반대하면서도 크게 폐지를 외칠 수 없는 이유가 있다. 평소보다 많은 소음이 생기고 절도가 증가하며 싸움도 많이 일어날 것이다. 한마디로 기숙사의 질서가 무너지게 된다. 결국 피해를 주고 불편함을 느끼게 되는 사람도 바로 나 자신이라는 것을 잘 알

1) 한글대학교 생활관 홈페이지 생활 안내 상벌점표.

고 있다. 이러한 이유로 폐지보다는 개선이 적절하다고 볼 수 있다.

글의 목적은 기숙사 통금 시간에 대한 문제점을 보여 주고, 다른 학교의 개선 사례를 예로 들어 우리 학교의 기숙사 통금에 대한 개선 방향을 보여 주기 위해서다. 통금 시간의 개선의 필요성을 강조하며 개선될 것을 기대한다.

II. 한글대학교 기숙사 통금의 실태와 문제점

대학생들이 멀리서 학교를 다니게 되면 시간이 오래 걸리고 교통비가 많이 들게 된다. 통학하는 것이 불편하기 때문에 학교 가까운 곳에서 살기를 원한다. 그렇게 되면 비싼 등록금을 내면서 주거 문제까지 해결해야 하므로 대학생들과 대학생 자녀를 둔 부모들의 부담은 커진다. 이와 같은 문제를 해결하기 위해서 존재하는 것이 대학교 기숙사다.

많은 학생들이 생활하는 공간이므로 수많은 규제가 있다. 그 중 하나가 기숙사 통금이다. 현재 한글대학교 기숙사 통금 시간은 밤 11시다. 밤 11시에 각 과의 대표가 점호를 한다. 새벽 1시까지 기숙사를 출입할 수는 있으나, 미리 사유를 제출하지 않은 학생들은 벌점 5점을 받게 된다. 또한 새벽 1시부터 5시까지는 기숙사 출입이 제한되어 있다.

이러한 기숙사의 통금 규제 때문에 학생들은 불편을 겪고 있다. 한글대학교 기숙사에서 생활하는 학생 100명을 대상으로 기숙사 통금 시간에 대해 투표를 해 본 결과 '통금 시간을 연장해야 한다.'가 제일 많이 차지했다. 통금을 연장해야 한다는 이유는 열람실 이용이나 유흥을 즐기기가 대표적으로 꼽혔다. 나머지는 '지금 그대로가 좋다.'가 14%, '통금에 대해 상관이 없다.'가 18%를 차지했다.[2] 이에 대해 두 학생의 이야기를 들어 볼 수 있다.[3]

"수업이 끝나고 밥 먹으면 여섯 시, 늦게 끝날 땐 일곱 시 정도 돼요. 평소에도 늦다고 생각하는데 시험 기간에 열람실에서 공부를 하게 되면 많이 해도 세 시간밖에 하질 못해요. 학

2) 한글대학교 기숙사를 이용하는 학생들 중 남녀 비율을 1:1로 하였다. 통금에 대해 상관이 없다는 것은 통금 시간이 몇 시이든 상관이 없다는 것을 말한다.

3) 현재 한글대학교 기숙사를 이용하고 있는 학생들을 대상으로 인터뷰를 했다. 대부분 이유가 다 비슷했다. 제일 구체적으로 대답해 준 두 사람의 인터뷰를 구어체로 담게 되었다. 글쓴이와 가까운 사람들이라 편하게 인터뷰를 진행했기 때문에 높임말로 변경하였다.

과 대표 언니가 점호하러 오기 전까지 방에 들어가 있어야 돼요. 그래서 늦어도 10시 45분에는 나와야만 해요. 기숙사 내 독서실을 이용해 봤지만, 열람실과는 확실히 분위기도 다르고 집중하기 어렵더라고요(여학생, ○○학과, △△학번).”

학생들이 제일 많이 불편함을 겪고 있는 문제 중 하나가 열람실 이용에 대한 문제다. 본관 5층에 위치한 열람실은 주로 기숙사 방에서 공부가 되지 않는 학생들이 자주 찾는다. 하지만 열람실 이용 시간은 기숙사 이용 시간과 같다는 점에서 불편을 겪는다. 이러한 점을 보완하기 위해 기숙사 내 24시간 개방 독서실이 있다. 그러나 공부를 할 수 있는 곳이라는 것 말고는 장점이 없다. 기숙사 2층에 위치해 있고 열람실에 비해 매우 좁은 공간이다. 독서실 맞은편에는 TV방이 있다. 독서실이지만 열람실만큼 조용한 분위기가 조성되지 않고, 관리가 잘 되지 않고 있다. 그래서 학생들이 통금 시간 연장 요구와 동시에 열람실 이용 시간 연장을 기대하는 것이다.

또 다른 기숙사 통금의 불편함에 대해 대답을 해 준 학생도 있었다.

“놀 수 있는 시간이 줄어들죠. 수업 다 끝나고 여자 친구 만나서 놀고 싶어도 시간이 얼마 없어서 시내도 잘 안 나가요. 특히 평일에는 영화를 보러 가기도 힘들죠. 시내까지 왕복 두 시간인데 애매해요. 그래서 매일 학교 운동장이나 기숙사 주변 산책으로 데이트가 끝나요. 제가 꿈꾼 캠퍼스 커플(Campus Couple) 생활은 이게 아니었는데 말이죠. 또 친구들이랑 술 마시러 나가면 좀 늦어질 수도 있는데 따로 외박 신청하기가 번거롭고요. 2시쯤 술자리 끝나면 어디로 가야 할지 모르겠어요. 24시간 영업하는 곳이 있는 곳이 많이 없어서 3시간 동안 편의점에서 자다가 기숙사 들어간 적도 있어요(남학생, ○○학과, △△학번).”

글쓴이 주변 사람들에게 종종 듣던 이야기다. 데이트 할 시간과 장소가 없어서 학교 본관이나 운동장을 이용하는 것은 한글대학교 캠퍼스 커플들에게 당연해졌다. 하지만 커플이 한둘이 아니고, 풍기문란이라는 이유로 단속이 심해서 자유롭지 못하다.[4] 그리고 유흥을

4) 경찰행정학과 학생들이 매일 밤 본관과 야외를 순찰 돈다. 교내에서 문란한 행동을 하는 학생들이 있다는 소문이 돌아서 더욱 강화되고 있는 추세다.

즐기러 나가는 사람들 중에 수업 때문에 늦게 나가서 동기들과 술을 마시다 보면 시간이 늦어진다고 한다. 그래서 외박 신청을 하고 외출을 한다.[5] 결국 밖에서 밤을 새고 새벽 5시가 되어서야 기숙사에 들어와 편하게 쉴 수 있다. 술집이 아침까지 하지 않고, 쉴 만한 곳이 마땅치 않아서 난감하다고 한다. 특히 여자라면 위험에 노출되기 쉽다.

이처럼 기숙사 통금의 문제를 볼 수 있는데, 통금이 밤 11시인 것은 이른 시간도, 그렇다고 많이 늦은 시간도 아닌 시간이다. 학교 측에서는 학생들의 안전과 관리를 우선으로 하며 학생들의 자유 또한 배제하지 않았을 것이다. 밤 11시가 최선의 방법이라고 생각했을 수도 있다. 하지만 학생들은 열람실 이용과 유흥의 불편함을 토로했다. 따라서 학교는 학생들의 통금 문제를 개선할 필요가 있다.

III. 다른 학교 개선 사례와 개선 방향

우리 학교뿐만 아니라 다른 학교 기숙사에도 통금 문제가 있을 것이다. 통금시간이 다 다르고 학생들이 원하는 것도 다르다. 이를 해결하기 위해 학생들과 학교는 노력했을 것이다. 어떻게 노력했고 어떻게 변화를 시켰을지, 다른 학교의 통금 문제에 대한 개선 사례를 들어 보았다.

1. 서울 K대학교. 작년부터 통금 시간이 정해져 있었으나 학생회 구성원들이 바뀌면서 통금을 없앴다. 통금이 있을 때는 제한적인 생활을 해야 하는 것 때문에 불편했고, 불만을 가졌다. 하지만 통금이 없어지고 난 후 기숙사의 질서가 무너져 버렸다. 여자 기숙사에 남자 학생이 들어와서 소동이 있었다. 그로 인해 가장 먼저 안전 문제로 통금이 생기게 되었고 출입 또한 엄격해졌다.[6] 다시 생긴 통금 시간은 새벽 2시이며 출입은 학생 출입카드로 할 수 있다. 출입 제한 시간은 오전 2시에서 5시다. 생활관 출입 규칙을 어길 시에 벌점이

---

5) 기존 외박 신청 시스템은 복잡했다. 학생이 사유서를 쓴 후 교수님의 확인서를 받아야만 외박이 인정되었다. 하지만 현재는 통합정보시스템에서 외박 당일 밤 10시 전까지 외박 신청을 하고 부모님에게 문자가 가는 것으로 개선되었다.

6) 메인 캠퍼스 기준이며. 글쓴이 친구 말에 따르면 좋지 않은 일이기 때문에 자세하게 말할 수는 없다고 했다. 기숙사에 붙여 있는 안내판 글에는 '야간에 기숙사를 대상으로 한 침입 사고를 방지하기 위하여, 출입 시간을 제한합니다.'라고 쓰여 있다.

2~3점 부과된다.[7)]

앞의 학교에서 기숙사 통금 시간을 없애는 데 큰 힘이 된 것은 학생회다. 평소 학생들의 불만에 귀 기울였고, 새로운 학생회가 구성된 후 학교와 조율을 통해 통금 시간을 없앴다. 하지만 통금 존재의 가장 큰 이유인 안전에 문제가 생겼다. 우리가 안전하게 지낼 수 있는 기숙사에서 안전 문제란 가장 중요하다. 그래서 통금이 다시 생겼고, 학생들의 이전 요구를 반영하여 통금 시간이 늦은 시간으로 정해졌다.

앞의 학교처럼 학생들의 힘으로 기숙사 통금 시간이 개선된 다른 학교의 사례도 볼 수 있다.

2. 경기도 D대학교. 기존에는 통금이 12시였다. 하지만 예전부터 학생들의 반발이 많았다고 했다. SNS(Social Network Service)에서 말을 대신 전해주는 'D대학교 대나무 숲'에 항의 글도 많았고, 학생들 사이에서도 말이 많았다고 한다. 그래서 학교 측에서는 학생들의 투표를 통해 결정하기로 했다. 그래서 올해 11월 1일부터 새벽 1시로 통금 시간이 변경되었다. 1시 넘어서 출입 시에는 벌점 1점이 부과된다.[8)]

두 번째 대학교 또한 학생들은 적극적으로 개선을 위해 나섰다. 학교는 이를 무시하지 않았고, 투표를 통해 기숙사 통금 시간을 연장하였다. 비록 한 시간이지만 학생들에겐 너무 반가운 소식이다. 그 한 시간이 늘어남에 따라 학생들이 할 수 있는 것은 더 늘어났기 때문이다.

앞의 두 학교 공통점은 학생들이 통금에 대한 불편함을 적극적으로 주장했고, 학교는 수렴하면서 그에 대한 학생들의 책임도 강화시켰다. 출입을 제한하며, 벌점제를 강화했다. 학생들은 강화한 부분에 대해 반발할 수 없다. 자유를 더 준다면 그에 대한 책임을 져야 한다는 것을 학생들은 잊지 말아야 한다. 무작정 기숙사 통금 시간을 연장해 달라, 출입을 자유

---

7) K대학교 생활관 홈페이지 내 생활수칙 – [별표1] XX학사 사생 벌점 기준표 23항. 벌점 5점일 시에는 경고 처분, 7점 이상이면 강제 퇴사다.

8) 메인 캠퍼스 기준이며, 그곳에 다니는 글쓴이 친구에게 정보를 얻었다. 추가적인 내용은 D대학교 생활관 홈페이지 – 커뮤니티 – 공지사항에서 볼 수 있었다. 벌점 8점일 시에는 경고 처분, 12점이면 강제 퇴사다.

롭게 해 달라 등 학생들의 자유만을 요구할 게 아니다. 중요한 것은 자신에게 닥칠 문제를 생각하고 더 성숙한 마음으로 개선을 요구해야 한다. 또한 학교는 학생들의 요구와 여러 문제를 고려(考慮)하여 개선해야 할 것이다.

Ⅳ. 결 론

이 글은 한글대학교 기숙사 통금에 대한 실태를 알려 주고 문제점을 지적하였다. 다른 학교 개선 사례를 비교하였고, 우리 학교 기숙사 통금 시간 개선에 목적을 두었다.

인터뷰를 통해 밤 11시 통금에 불편함을 겪는 한글대학교 학생들의 사례도 볼 수 있었다. 열람실 이용에 불편을 느낀 학생, 여가 생활을 제대로 즐기지 못하는 학생의 이야기를 들을 수 있었다. 통금 연장이 필요하다고 투표했던 학생들 중 대부분이 말한 이유였다.

그리고 다른 학교의 사례로 안전 문제 때문에 폐지보다는 시간 연장이 낫다는 것을 알 수 있었다. 기숙사는 학교에서 우리의 주거를 해결해 주는 곳이다. 많은 사람들이 사용하는 공간이기 때문에 안전과 질서는 중요하다. 또한 학생들의 적극적인 태도와 학교의 학생 의견 수렴으로 개선했다는 것을 알고 개선 방향을 짐작하여 잡을 수 있었다.

우리의 요구대로 학교가 기숙사 통금 시간을 연장했을 때, 발생할 수 있는 문제가 많다는 것을 이 글에서 강조하고 있다. 발생할 문제를 걱정해서 통금 시간 연장하는 것을 반대하는 학생들도 볼 수 있었다. 그러므로 연장과 동시에 기숙사 내 무질서를 막기 위해서 관리를 강화해야 한다. 그렇지 않다면 학생들이 생각하고 싶지 않을 만큼 무질서한 기숙사의 모습을 보게 될 것이다.

학생을 위해 기숙사가 존재한 것이기 때문에 학교(기숙사)는 학생들의 의견에 귀 기울여야 한다. 학생과 학교의 적당한 조율을 통해 기숙사의 통금 시간을 연장하고 함께 벌점 강화나 엄격한 관리 등 해결 방안을 찾아봐야 할 것이다. 꾸준한 개선이 있어야만 학생과 학교 둘 다 만족하는 기숙사 시스템(Dormitory System)을 이룰 수 있을 것이다.

글쓴이는 평소 기숙사의 통금에 불만을 갖고 이 연구를 시작하였다. 무조건 통금 시간을 연장해야 된다는 생각만 가지고 있었지만, 연구를 통해 반대의 의견을 들어 보며 다른 면도 생각하게 되었다. 연장했을 때의 문제를 생각해 보았고, 개선을 요구할 때 학생들의 자세, 학교의 수렴 자세를 알아볼 수 있었다. 우리 학교 학생들도 기숙사 통금의 불만에 대해 적극적으로 의견을 표출하고, 학교 측에서는 학생들과 함께 차차 개선해 나갈 것을 기대한다.

1 다음 안내에 따라 내용의 흐름과 단락 구성을 점검해 보시오.

(a) 글을 쓴 목적을 명확하게 만족시키는가?

→ 제시된 글의 예상 독자는 누구인가?

→ 글쓴이가 이 글을 쓴 목적은 무엇인가?

→ 제시된 글의 주요 내용을 간략히 정리해 보시오.

I. 서 론:

II. 한글대학교 기숙사 통금의 실태와 문제점:

III. 다른 학교 개선 사례와 개선 방향:

IV. 결 론:

→ 제시된 글의 내용은 글을 쓴 목적을 명확하게 만족시킨다고 볼 수 있는가? 만일 그렇지 않다면 어떠한 점에서 그러한가?

(b) 제목은 적합한가?

→ 각 장과 절의 제목은 적절한가? 만일 자신이 제목을 수정한다면 어떠한 방식으로 수정할 수 있을까?

수정 전	수정 후

(c) 주제에서 벗어난 내용은 없는가?

→ 주제에서 벗어난 내용을 찾아 수정 의견을 제시해 보시오.

㉠ (　　)쪽 (　)째 줄 ~ (　)째 줄

수정 의견:

㉡ (　　)쪽 (　)째 줄 ~ (　)째 줄

수정 의견:

㉢ (　　)쪽 (　)째 줄 ~ (　)째 줄

수정 의견:

2 다음 안내에 따라 문장과 표현을 점검하고 고쳐 보시오.

(a) 주어와 서술어는 일치하는가?

→ 주어와 서술어가 일치하지 않은 문장을 찾아 바르게 고쳐 보시오.

㉠ (　　)쪽 (　)째 줄 ~ (　)째 줄

수정한 문장:

㉡ (　　)쪽 (　)째 줄 ~ (　)째 줄

수정한 문장:

㉢ (　　)쪽 (　)째 줄 ~ (　)째 줄

수정한 문장: ___

(b) 군더더기 표현은 없는가?

→ 군더더기 표현이 있다고 생각하는 부분을 찾아 바르게 고쳐 보시오.

㉠ (　　)쪽 (　)째 줄 ~ (　)째 줄

수정한 문장:

㉡ (　　)쪽 (　)째 줄 ~ (　)째 줄

수정한 문장:

㉢ (　　)쪽 (　)째 줄 ~ (　)째 줄

수정한 문장:

(c) 어색한 표현은 없는가?

→ 어색하다고 생각하는 부분을 찾아 자신이 적합하다고 생각하는 방식으로 적절히 고쳐 보시오.

㉠ (　　)쪽 (　)째 줄 ~ (　)째 줄

수정한 문장: ______________________________

____

____

㉡ (　　)쪽 (　)째 줄 ~ (　)째 줄

수정한 문장: ______________________________

____

____

㉢ (　　)쪽 (　)째 줄 ~ (　)째 줄

수정한 문장: ______________________________

____

____

이 세상에는 일곱 가지 죄가 있다. 노력이 빠진 부, 양심이 빠진 쾌락, 성품이 빠진 지식, 도덕이 빠진 상업, 인간이 빠진 과학, 희생이 빠진 예배, 원리가 빠진 정치가 바로 그것이다. – 간디

글쓰기 상식 코너

글쓰기 오류 바로잡기!
- 표준어 3 -

설레임/설렘
오랜만이야/오랫만이야
인마/임마
핼쑥하다/핼쓱하다
안성맞춤/안성마춤
개구쟁이/개구장이
구레나룻/구렛나루
눈살/눈쌀
통째로/통채로

글쓰기 능력에 대한 자기진단(강미은, 2006)

평소에 나의 글쓰기 과정을 돌아보며 다음 질문에 '예' '아니요'로 대답해 보자.

1. 평소에 글을 많이 읽는다. 예 □, 아니요 □
2. 몇 번이고 반복해서 읽는 책이 있다. 예 □, 아니요 □
3. 신문이나 잡지를 보다가 잘 쓴 글을 보면 오려 두거나 적어 둔다. 예 □, 아니요 □
4. 신문이나 잡지에서 글을 잘 쓰는 필자의 이름을 두 명 이상 댈 수 있다. 예 □, 아니요 □
5. 현재 일기를 쓰고 있거나, 한때 1년 이상 일기를 쓴 적이 있다. 예 □, 아니요 □

6. 평소 인용구나 재미있는 통계 수치, 에피소드 등을 메모해 둔다. 예 □, 아니요 □
7. 다른 사람이 쓴 글의 내용을 한 문장으로 요약할 수 있다. 예 □, 아니요 □
8. 핵심 키워드를 한 단어로 말할 수 있다. 예 □, 아니요 □
9. 글을 쓰기 전에 전체 계획을 세운다. 예 □, 아니요 □
10. 글을 쓰기 전에 자료를 수집한다. 예 □, 아니요 □
11. 글을 쓰기 전에 글의 구조를 구상한다. 예 □, 아니요 □
12. 글을 쓰기 전에 이야기를 풀어낼 순서를 메모한다. 예 □, 아니요 □
13. 일단 초고를 두려움 없이 쓰는 편이다. 예 □, 아니요 □
14. 첫머리와 끝머리에서 강렬한 인상을 남길 방법을 생각한다. 예 □, 아니요 □
15. 글을 쓸 때 핵심 메시지가 분명하다. 예 □, 아니요 □
16. 글을 비교적 추상적이지 않고 구체적으로 쓰는 편이다. 예 □, 아니요 □
17. 글을 비교적 솔직하게 쓰는 편이다. 예 □, 아니요 □
18. 글에서 감동을 주는 방법을 고민한다. 예 □, 아니요 □
19. 논리적인 글에 감성적 터치를 넣으려고 노력한다. 예 □, 아니요 □
20. 글에 내 색깔과 개성이 나타난다. 예 □, 아니요 □
21. 생생한 표현을 찾으려 노력한다. 예 □, 아니요 □
22. 제목을 뽑는 데 신경을 쓴다. 예 □, 아니요 □
23. 독자를 의식하고 친절하게 쓰려고 한다. 예 □, 아니요 □
24. 쓰고 나서 첫머리와 끝머리를 가다듬는다. 예 □, 아니요 □
25. 글을 쓴 후 두 번 이상 교정을 한다. 예 □, 아니요 □

* 평가 후 점수 처리

각 항목에서 '예'라고 답한 것에 1점을 부과하고 이를 합한다.

0~10점: 글을 쓰기 위해 많은 노력이 필요하다.

11~20점: 글쓰기에 관심이 있어 조금만 더 연습하면 잘 쓸 수 있다.

21~25점: 글 쓰는 일을 직업으로 할 수 있을 정도다.

제3부

글쓰기의 실제
- 유형별 글쓰기

제9장

개인적 서사문

대학을 졸업하고 나서 1주일 뒤, 무엇을 하고 있을까? 혹은 무엇을 하고 싶나? 5년 전 자신은 무엇을 하고 있었나? 그 시기에, 대학에서 글쓰기를 공부하고 있는 지금 이 순간을 예상할 수 있었나? 이에 대한 답변이 개인적 서사문 작성의 출발이다.

1. 개인적 서사문의 개념과 필요성

개인적 서사문이란 글을 쓰는 사람의 개인적인 기억이나 경험에 일정한 의미를 부여하여 서술한 것을 말한다. 개인적 서사문은 자기소개서를 작성하기 전에 거쳐 가는 준비 단계의 글 유형이라고 할 수 있다.

이 책으로 글쓰기를 공부하는 학생들은 대부분 대학교 1학년이어서, 이렇다 할 만한 경험이나 경력을 충분히 쌓은 경우가 많지 않을 것이다. 또한 진로에 대한 탐색의 가능성 역시 무궁무진하게 열려 있는 상황이라고 할 수 있다. 그렇기 때문에 당장 구체적인 취업이나 진학, 혹은 창업 등을 염두에 둔 자기소개서를 작성토록 하기보다는, 자기소개서의 중요한 원천 자료로 활용할 수 있는 개인적 서사문에 대해 학습하는 것이 좀 더 의미가 있을 것이라 보았다. 개인적 서사문은 자기소개서를 작성하는 데에 중요한 핵심 자료로 활용될 수 있다. 앞으로 어떤 진로를 택하건 상관없이, 이 장에서 작성하는 개인적 서사문은 일정한 분야로 진출하기 위해 작성해야 할 자기소개서의 원천 자료가 될 것이다.

2. 스토리텔링

자기소개서는 입시, 취업, 아르바이트 등을 위해 제출해야 하는 글이다. 자기소개서를 작성하는 목적은 합격/불합격을 결정하는 사람에게 자신을 선발하도록 자신이 얼마나 필요한 사람인지를 설득력 있게 보여 주는 데에 있다. 다시 말해, 자신이 지원한 분야에 정말 적합한 사람이라는 것을 사실에 토대를 두고 그럴듯하게 표현해야 한다.

이 점을 이해하려면 누군가를 선발해야 하는 사람의 입장이 되어 보는 것이 도움이 된다. 예를 들어, 지금 당장 자신이 창업을 한 상황을 나름대로 설정해 보자. 그리고 지금 현재 글쓰기 수업을 같이 듣고 있는 친구들 중에서 한 명 혹은 두 명을 선발하는 상황을 가정해 보자. 누구를 뽑고 싶은가? 왜 그런가? 여기서 중요하게 착안해야 할 부분은 '왜 그런가?'에 해당하는 부분이다. 성실할 것 같다거나, 어려운 상황을 열심히 노력해서 극복해 낼 것 같다거나, 남들보다 뛰어난 능력을 갖고 있을 것 같다거나 하는 등의 이유를 댈 수 있을 것이다.

이러한 이유를 댈 수 있는 것은 같은 강의실에서 공부한다는 인연으로 그 사람에 대한 개인적인 정보를 어느 정도 알고 있기 때문이다. 하지만 자기소개서를 제출해야 하는 상황이라면, 자기소개서를 읽을 사람이 그 글을 쓴 사람을 개인적으로 알고 있을 것이라 기대하기 어렵다. 오로지 자기소개서만을 토대로 필자는 자신이 어떤 사람인지를 드러내야 한다. 채용이나 합격/불합격을 결정해야 하는 독자 역시 마찬가지로 오로지 자기소개서만을 보고 필자가 어떤 사람인지를 파악해야 한다.

이때 결정적인 역할을 하는 것이 바로 스토리텔링이다. 스토리텔링이라는 용어는 매우 다양한 분야에서 사용되고 있는데, 그 뜻을 간단하게 풀면 '이야기하기'가 된다. 사용되는 범위가 넓은 만큼 스토리텔링에 대한 담론이 넘쳐 나고 있지만, 결국은 일정한 내용을 가지고 하는 이야기라고 정의할 수 있다. 스토리텔링은 개인적 서사문과 자기소개서에 공통적으로 포함되는 핵심적인 요소다.

스토리텔링의 역할에 대해 설명하기 위해 다시 예를 들어 보겠다. 친한 친구가 편안한 자리에서 여러분에게 '당신은 무엇을 잘하는가?'라는 질문을 던지고 그에 대한 답을 요청하는 상황이라고 가정해 보자. 아마도 먹기, 놀기, 잠자기, 게임하기, 수다 떨기, TV 보기 등등 일상생활 속에서 쉽게 접할 수 있는 것들을 우선적으로 떠올릴 것이다. 그런데 만일 이어지는 질문으로 "당신은 그것에 대해서 다른 사람들보다 더 잘한다고 말할 수 있는 이유가 있는가?"라고 묻는다면, 쉽게 답을 떠올리기 어려울 것이다. 스토리텔링이란, 바로 이러한 질문에 대해 사실에 근거한, 보다 그럴듯한 답변을 내어놓는 것을 의미한다. 일상생활 속의 특별해 보이지 않는 점이라 할지라도, 자신이 좋아하거나 잘할 수 있거나 즐기는 것이 있다면 그렇게 말할 수 있는 '이유에 대해서 이야기를 해 주는 것'이 스토리텔링이다. 그리고 자기소개서만 보고서 그 글을 쓴 사람이 어떠한 사람인지를 떠올릴 수 있게 해 주는 핵심이, 바로 이 스토리텔링에 있다.

스토리텔링은 그냥 앉은 자리에서 뚝딱 나오는 것이 아니다. 성공적인 스토리텔링을 위해서는 자신의 경험을 체계적으로 되돌아볼 필요가 있다. 이것이 개인적 서사문 작성의 핵심이다.

3. 개인적 서사문 작성을 위한 경험 발굴

스스로에 대해 보다 설득력이 있는 스토리텔링을 하기 위해서 참고할 수 있는 유일한 대상은 바로 자신의 경험과 기억이다. 하지만 아무런 준비 없이 스토리텔링에 적합한 내용을 떠올리는 것은 결코 쉽지 않은 일이다. 여기에서는 개인적 서사문 작성을 목적으로 스스로의 경험을 탐색할 수 있는 두 가지 방법을 안내하고자 한다.

1) 자기 연대기

자기 연대기는 자신의 기억 속에 남아 있는 실제로 있었던 주요 사실을 시간의 순서대로 나열한 것을 말한다. 자기소개서나 개인적 서사문에 활용되는 스토리텔링은 절대적으로 사실에 기반을 두어야 하기 때문에, 자기 연대기 역시 없는 일을 꾸며 내거나 변조해서는 안 되며 진실하게 기술할 필요가 있다. 다음은 자기 연대기의 예시다.

〈표 9-1〉 자기 연대기

나의 연대기	
이름: 학과: 학번: 출생 연도:	
1세	19××년 ×월 ××일 청주에서 태어났다. 태어나고 본 얼굴에서 아빠의 얼굴이 그대로 보였다고 한다.

3세	19××년 ×월 나의 남동생이 태어났다. 보통 아기보다 더 심하게 울었던 나에 비해 동생은 잘 울지도 않았다. 할머니가 동생을 보고 항상 '공짜로 키우는 애'라고 하셨다고 한다.
7세	내 생에 처음으로 유치원에서 연극을 하였다. 일곱 살 마지막 학예회를 하는 날이었다. 처음으로 하는 연극에다가 주인공까지 맡은 어린 나는 조금 긴장한 모습이 보였다. 하지만 천진난만했던 나는 금방 긴장을 풀고 연극을 잘했다고 한다.
8세	20××년 초등학교에 입학하였다. 울음이 많아 부모님은 걱정을 많이 하셨지만 친구도 잘 사귀고 학교 적응도 잘했다고 한다. 그때 담임선생님이 집으로 보낸 발달 및 특이 사항을 보노라면 내 스스로가 정말 대견해진다.
12세	초등학교 5학년 때 처음으로 정말 친한 친구를 만들었다. 그전까지 사귀었던 친구들보다 매우 깊게 사귀었던 친구였다. 그래서 행복한 1년을 보냈다. 해외여행도 처음 가 봐서 기억에 남는 추억이 많았던 해다.
17세	고등학교에서 같은 반이 된 ×××이라는 친구를 처음 만났다. 그 친구와 처음에는 자주 다퉈서 좀 힘들기도 했지만 시간이 흐르면서 정말 친한 친구가 되었다. 처음에 다퉈 보지 않았다면 이렇게 마음이 맞는 친구를 못 찾았을지도 모른다는 생각이 들었다.
19세	20××년에는 고등학교 3학년으로 인생에서 잊지 못하는 해다. 입시 준비가 정말 힘들었지만, 그 고난을 같이 겪었던 친구들과 돈독해지는 계기가 되었다. 그래서 그런지 동생은 내가 그때 별로 안 힘들어 보였다고 했다.
20세	고등학교를 졸업하고 대학을 갔다. 고등학교 친구들과 흩어져서 아쉬움도 있지만, 대학교에 와서 좋은 친구들을 만난 것 같아 다행이라는 생각이 든다. 20살을 잊지 못하는 큰 이유는 방학 때 유럽 여행을 다녀온 것이다. 나에게 유럽 여행은 많은 영감을 줬던 여행이었다.

2) 자기 발견하기 질문에 답하기

개인의 경험을 떠올릴 수 있는 방법 중의 하나로, 한철우 외(2003a, p. 32)에서는 일련의 질문 목록을 제시하고 있다. 각각의 질문에 대해 답변을 하는 것은 개인적 서사문에 활용할 수 있는 아이디어를 떠올리는 데에 도움이 된다. 다음에서는 일련의 질문 목록과 더불어, 예시 답변을 함께 제시한다.

1. 내가 흥미 있어 하는 것은?

→ 영화 또는 드라마 보기. 영화는 최근 나에게 재미를 주는 큰 요소 중 하나다. 또 다른 흥미를 느끼는 것은 운동이다. 나는 운동을 좋아해서 배웠던 운동도 많지만, 더 여러 가지 운동을 배우고 싶다.

2. 나는 특별히 어떤 것을 좋아할까? 내가 싫어하는 것은?

→ 내가 특별히 좋아하는 것은 앞서 말했듯이 운동이다. 운동할 때면 아무 생각이 없고 스트레스를 없애 버릴 수 있는 좋은 활동이다. 내가 싫어하는 것은 시험이다. 시험 기간이 되면 정말 스트레스를 많이 받는다.

3. 나는 왜 다른 사람과 다를까?

→ 나와 다른 사람들과의 차이는 내가 나 자신보다는 다른 사람을 먼저 생각하려고 하는 경향이 있다는 점이다.

4. 나는 나 자신에 대해 어떤 점이 좋을까? 또는 싫은 점이 있다면?

→ 나는 내가 양보할 줄 아는 것이 좋다. 다른 사람에게 양보할 때면 기분이 좋다. 나는 내가 끈기가 없어서 싫다. 다른 사람들에 비해 나는 끈기가 없는 편이다. 고치고 싶은 것 중 하나다.

5. 나는 자신에 대해서 무엇을 변화시켜야 하나?

→ 나는 낯을 가리는 성격을 바꾸고 싶다. 친해지면 말도 많고 편히 대할 수 있지만, 처음에는 낯을 가려 서로 불편한 상황을 만들기 때문이다.

6. 나의 가장 큰 고민은?

→ 영어를 잘하고 싶지만 잘 늘지 않는 점이다. 나의 작은 꿈은 해외에서 일하는 것인데 그러기 위해서는 영어에 능숙해야 할 것이다.

7. 내가 가장 알고 싶어 하는 것은?

→ 최근 들어 춤을 배우고 싶다. 그래서 그런지 어떻게 하면 춤을 잘 출 수 있는지 알고 싶다.

8. 내가 하고 싶어 하는 일은?

→ 전공을 의료 계열로 선택했지만 사실 내가 하고 싶어 했던 일은 운동과 관련이 있다. 의료 계열의 직업을 갖더라도 시간이 날 때마다 취미로 운동할 예정이다.

9. 내가 겪은 가장 재미있었던 일은?

→ 친구들과 1박 2일 전주로 여행을 갔던 일이다. 친구들끼리만의 여행은 처음인지라 정말 재밌었고 짧아서 아쉬웠다.

10. 내가 흥미 있어 하는 사람은 누구인가? 나는 왜 그에게 흥미를 갖는가?

→ 요즘 가수 ×××에게 많은 흥미를 느끼고 있다. 노래도 잘하고 매력이 너무 많은 것 같아 TV 프로그램에 나올 때면 흥미 있게 보고 있다.

11. 나와 다른 사람의 공통점은?

→ 다른 사람들과 나의 공통점은 성적에 목을 맨다는 것이다. 우리나라에서는 공부를 잘해야만 성공한다는 인식이 널리 퍼져 있기 때문이다. 물론 나도 공부가 전부는 아니라고 생각하지만, 알게 모르게 우리나라 사회에서 잘살 수 있으려면 공부를 잘해야 한다는 강요를 받고 있다.

12. 내가 세상에서 달라져야 한다고 생각하는 것은?

→ 나는 공부를 잘하는 것만을 원하는 세상이 달라져야 한다고 생각한다. 특히 우리나라는 다른 것에 우선해서 성적을 잘 받아야 한다는 인식이 강하기 때문에 모든 학생이 힘들어 하고 자신의 꿈을 버리는 일도 종종 발생한다고 생각한다.

13. 나를 기쁘게 하는 것은?

→ 다른 사람의 고민을 진지하게 듣고 나름의 상담을 해줄 때다. 상담해 줄 때 나 자신도 더 알게 되는 것 같아 기쁘다.

14. 나를 슬프게 하는 것은?

→ 나를 슬프게 하는 가장 큰 것은 친구 등 가까운 사람과 갈등을 겪는 것이다.

15. 나를 걱정스럽게 만드는 것은?

→ 내 미래의 직장에 대해 걱정이 된다. 지금의 전공이 내 적성에 맞지 않는다는 생각이 들고 있어 걱정이 된다.

실천 활동

1 다음 표에 맞추어 자신에게 있었던 일을 연도별로 정리해 보시오.

나의 연대기	
이름: 학과: 학번: 출생 연도:	
세	
세	
세	

우리가 읽어야 할 것은 그 말이 아니라, 그 말 뒤에 있는 사람이다. – 버틀러

세	
세	
세	
세	
세	

2 다음의 자기 발견 질문에 답하시오.

(a) 내가 흥미 있어 하는 것은?

(b) 나는 특별히 어떤 것을 좋아할까? 내가 싫어하는 것은?

(c) 나는 왜 다른 사람과 다를까?

(d) 나는 나 자신에 대해 어떤 점이 좋을까? 또는 싫은 점이 있다면?

(e) 나는 자신에 대해서 무엇을 변화시켜야 하나?

(f) 나의 가장 큰 고민은?

(g) 내가 가장 알고 싶어 하는 것은?

독서란 자기의 머리가 남의 머리로 생각하는 일이다. - 쇼펜하우어

(h) 내가 하고 싶어 하는 일은?

(i) 내가 겪은 가장 재미있었던 일은?

(j) 내가 흥미 있어 하는 사람은 누구인가? 나는 왜 그에게 흥미를 갖는가?

(k) 나와 다른 사람의 공통점은?

(l) 내가 세상에서 달라져야 한다고 생각하는 것은?

(m) 나를 기쁘게 하는 것은?

(n) 나를 슬프게 하는 것은?

(o) 나를 걱정스럽게 만드는 것은?

배 없이 해전에서 승리할 수 없는 것 이상으로 책 없이 사상전에서 이길 수는 없다. – F. D. 루스벨트

3 앞의 두 활동을 토대로, 다음 안내에 따라 개인적 서사문을 작성하시오.

(a) '나의 연대기' 중에서 한 가지 항목을 선택하시오.
(b) '자기 발견 질문' 중에서 한 가지 항목을 선택하시오.
(c) 다음 빈칸을 채우고, 이를 토대로 위의 두 가지가 모두 포함되는 짧은 이야기 한 편을 구상하시오.

언제: ______________________________

어디서: ______________________________

누가: ______________________________

무엇을: ______________________________

왜: ______________________________

어떻게: ______________________________

제목:

본문:

평가 기준
• 과거의 경험에 대한 설명이 분명한가?
• 과거의 경험이 현재의 자신에게 어떠한 영향을 미쳤는지 설득력 있게 제시하고 있는가?
• 자신만이 갖고 있는 특징이 분명하게 드러나는가?
• 제목과 더불어 한 편의 완결된 글의 형식을 갖추었는가?
• 읽는 이의 흥미나 재미를 고려했다고 볼 만한 요소가 있는가?

글쓰기 오류 바로잡기!
– 표준어 4 –

여름에 뙤약볕/뙤양볕을 많이 쬐어 얼굴이 검게 그을렸다.
밥 먹으러/먹으로 다녀온 사이 무슨 일이 일어났던 건지 모르겠다.
무슨 아쉬운 것이 있어서 그렇게 굽신거려야/굽신해야 하는지 이해를 못하겠다.
이번 일로 톡톡히/톡톡이 재미를 보았다.
어머니는 추위를 무릅쓰고/무릎쓰고 기어이 물을 길어 오셨다.
그는 깜짝 놀라 가방에 물건들을 우겨넣고/욱여넣고 황급히 장소를 떠났다.

논증적인 글쓰기에서 권장 사항(전북대학교 국어국문학과, 2008)

① 간결하고 건조한 문체: 수사나 수식어는 비논리적일 수 있음
② 짧고 간결한 문체: 적절한 연결 부사나 어구 활용
③ 동의어와 반의어 사용: 논점을 명확히 밝힘
④ 쉽게 이해되는 말 사용: 어려운 말을 쓴다고 글의 수준이 높아지지 않음
⑤ 능동형 문장: 어색한 수동형 문장은 쓰지 않음
⑥ 문장성분이 제대로 갖춰진 완결된 문장 쓰기
⑦ 구체적으로 내용 기술

제10장

감상문과 비평문

'감상가'라는 직업은 없지만 '비평가'라는 직업은 존재한다. 감상은 직업으로 삼기 어렵지만 비평은 직업으로 삼을 수 있다는 뜻이다. 감상과 비평에 어떤 차이점이 있기 때문일까?

1. 감상과 비평의 개념과 필요성

이번 장은 대학생들이 일정한 텍스트[1]를 읽고 이에 대한 자신의 생각을 글로 써야 하는 과제를 부여받았을 때 어떻게 대응해 나가야 하는지를 안내하는 것을 목적으로 한다. 일정한 텍스트를 읽고 이에 대한 자신의 생각

1) 기본적으로는 문학작품, 주장하는 글, 설명하는 글 등을 가리키지만, 영화, 연극, TV 프로그램, 만화 등도 넓게 보아 감상이나 비평이 가능한 텍스트의 범주에 포함할 수 있다.

을 글로 쓴다고 하면 대부분 '독후감'을 떠올릴 것이다. 독후감은 대학에 입학해서 글쓰기를 아직까지 한 번도 해 보지 않은 학생에게도 상당히 친숙한 유형의 글이다. 초 · 중 · 고등학교를 거치면서 여러 차례 작성해 본 경험이 있는 과제일 것이기 때문이다. 그렇기 때문에 많은 대학 신입생에게 일정한 텍스트를 읽고 이에 대한 자신의 견해를 쓰라는 과제를 제시하면 '제시된 글의 줄거리나 요약문 — 읽으면서 떠올랐던 생각'이라는 유사한 구조로 된 결과물을 제출하곤 한다.

물론 이러한 구조가 잘못된 것이라고 말할 수는 없다. 하지만 일정한 텍스트를 읽고 이에 대한 자신의 생각을 글로 쓰는 과제를 부과하는 이유는, 궁극적으로는 학생들이 스스로 생각하는 힘을 기르도록 하기 위한 것이다. 그렇기 때문에 고등학교 때까지의 익숙한 방식으로 텍스트를 읽고 이에 대한 과제를 해 나간다면 결국 대학에서 부과하는 과제의 성격을 제대로 이해하지 못한 대응 방식이 되고 만다. 이는 제2부에서 설명한 예상 독자의 기대, 글쓰기의 목적과 맥락 등을 고려하여 글을 써야 한다는 점과도 밀접하게 연관되어 있다.

일정한 텍스트를 읽고 자신의 생각을 써 나가는 과제를 제대로 수행하기 위해서는 감상과 비평의 개념과 특징을 명확하게 이해하는 것이 큰 도움이 된다. 감상은 어떤 대상을 접했을 때 그 대상을 이해하거나 즐기거나 평가하기 위해 마음속에서 일어나는 느낌이나 생각을 뜻한다. 일반적으로 예술 작품을 감상의 대상으로 생각하지만, 이해하거나 즐기거나 평가할 수 있는 것이라면 일상생활 속의 사소한 것 모두 감상의 대상이 된다고 할 수 있다. 예를 들어, 창밖에 멋진 석양 노을이 펼쳐져 있는 장면을 보고 한동안 눈을 떼지 못하며 속으로 감탄사를 내뱉었다면, 그것만으로도 충분히 감상이 이루어졌다고 볼 수 있다.

감상문은 감상을 글로 적은 것이다. 일정한 대상에 대해 글쓴이가 갖고 있는 감정이나 정서나 생각을 표현한 글이라고 정의할 수 있다. 그렇기 때문에 형식이나 구성 면에서 제약이 심하지 않으며, 글쓴이가 떠올린 내용을 글로 드러내는 데에 초점이 맞추어진다. 그렇기 때문에 옳은 감상과 옳지 않은 감상으로 구분하는 것은 적절하지 않다. 다만 좀 더 깊은 수준의 감상과 그렇지 않은 감상으로 구분할 수 있다.

감상문의 일반적인 특성은 다음과 같이 정리할 수 있다(박영목, 2013).

첫째, 감상문은 글쓴이의 개성이나 주관이 명백하게 드러난다. 그렇기 때문에 동일한 대상을 감상하고 그 결과를 글로 작성했다 하더라도 글쓴이가 달라졌다면 그 내용에서 큰 차이를 보일 수 있다. 감상문을 작성하기 전에 참고로 다른 이의 글을 살펴보는 것이 도움이 될 수는 있겠으나, 그 글 속의 핵심적인 아이디어를 가져오는 것은 제대로 된 감상이라고 보기 어렵다.

둘째, 감상문에는 진솔한 내용이 담겨 있어야 한다. 예상 독자와 글쓰기의 목적 및 맥락을 고려하되, 자신의 느낌과 생각을 있는 그대로 솔직하게 작성하는 것이 중요하다. 감상문의 본질적인 목적은 '설득'이 아니라 '자기표현'이라는 점을 분명하게 인식해야 한다.

셋째, 감상문을 쓰기 위해서는 글을 쓰는 사람의 자발성이나 능동성이 특히나 중시된다. 감상의 대상이 되는 텍스트를 적극적으로 읽어 내고 보다 많은 생각을 하기 위해 노력하지 않는다면 제대로 된 감상문을 쓰기 어렵다.

비평이란 일정한 대상의 옳고 그름이나 아름답고 추함 등을 분석하여 가치를 논하는 것을 말한다(박영민, 2003a). 비평을 위해서는 일정한 대상에 대해 해석을 해야 하는데, 여기에는 필연적으로 비판과 가치 평가가 뒤따르게 된다. 대부분의 대학 신입생들에게 비평이라는 개념은 익숙하지 않다.

비평문은 일정한 텍스트에 대한 내용과 구성 등을 분석하여 비평한 내용을 글로 적은 것을 말한다. 비평문의 특성에 대해 박영목(2013)은 다음과 같이 정리하고 있다.

첫째, 비평문은 논리적이어야 한다. 글 쓰는 이의 생각을 '표출'하는 것이 주 목적인 감상문과 달리, 비평 대상에 대해 일정한 주장을 펼쳐야 하고, 이와 더불어 그 주장에 대한 논리적인 근거를 제시해야 한다.

둘째, 비평문은 객관적이어야 한다. 감상문에서는 일정한 주장을 하더라도 그 주장의 근거가 객관적일 필요는 없다. 하지만 비평문에서는 자신의 의견이나 관점을 명확하게 드러내면서 동시에 객관적이고도 타당한 논거를 제시해야 한다. 이를 위해서는 누구나 받아들일 수 있는 타당한 자료를 수집하기 위해 노력할 필요가 있다. 예를 들어, 어떤 책을 읽고 감상문을 작성하고자 한다면, 말 그대로 책을 읽은 후 자신의 감상을 자유롭게 적으면 된다. 글을 쓰는 사람이 느낀 점이 중요하므로 자신의 감상과 느낌을 솔직하게 적어 나가면 되는 것이다. 하지만 어떤 책을 읽고 비평문을 작성하고자 한다면, 우선적으로 그 책을 비평의 대상으로 삼는다는 점을 분명히 떠올려야 한다. 비평이란 어떤 대상에 대해 자신의 의견을 일정한 논증 구조를 통해 펼치는 것을 핵심으로 하기 때문에, 비평문은 일정한 주관성과 이를 뒷받침할 수 있는 객관성을 동시에 확보해야 한다. 만일 자신의 주관적인 견해가 있다면, 감상문에서는 그것을 자신의 개인적인 경험을 근거로 부연 설명을 하는 것이 가능하다. 하지만 비평문에서는 자신의 주장이 타당함을 일정한 논증 구조를 통해 입증할 필요가 있다.

영화에 대한 감상문과 비평문 역시 일정한 차이를 보인다. 영화 감상문은 영화의 내용이나 영화적인 방식 등에 대해서 자신이 느낀 바를 있는 그대로 표출하는 것이다. 자신의 과거 기억과 연결 지어도 좋고, 영화를 보고 난 후 자신에게 일어난 변화를 솔직히 적어도 좋다. 하지만 영화 비평문은 영화를 즐긴다기보다는, 영화에 대한 가치 판단과 그에 대한 설득을 목적으로 한다. 그렇기에 자신의 가치 판단에 대한 주장과 그 근거를 보다 명확히 할 필요가 있다.

하지만 글쓰기를 직업으로 하는 사람의 글이 아닌 한, 감상문과 비평문을 명확하게 구분하는 것은 쉬운 일이 아니다. 한 편의 글쓰기 과제 안에서도 감상문으로서의 성격과 비평문으로서의 성격이 뒤섞일 수 있다. 일정한 텍스트를 읽고 글을 써야 하는 과제를 할 때 우선적으로 떠올려야 하는 점은, 자신이 감상과 비평 중 어디에 초점을 둘 것인지를 분명히 하는 것이다.

실천 활동

■ 다음 두 편의 글은 이문열의 단편소설 『필론의 돼지』를 읽고 학생들이 작성한 글의 초고다. 두 편을 비교하여 읽고 이어지는 물음에 답해 보시오.

(가) 본 글은 『필론의 돼지』를 읽고 난 후 군용열차에서 있었던 일부 군인들의 폭력성과 사람들의 군중심리, 또 이를 방관만 했던 주인공 '그'에 대한 비판을 하고자 한다. 그 이유는 현대 사회에서 다른 사람에게 자신의 책임을 떠넘긴 채 보복이 두려워서다. 군중심리는 공직자들에겐 비리의 도구로써 사용되고 있다. 살인 현장을 목격하고도 보복이 두려워 신고도 하지 않은 채 난 아무 잘못이 없다는 식으로 넘긴다. 또한 특정 사건에 대해 공직자들이 돈과 부정부패의 유혹을 이기지 못해 피해는 고스란히 피해자의 몫이 된다. 더는 방관으로 피해를 보는 사람들이 없으면 하기 때문에 이 문제를 어떻게 해결해야 하는지 써 보이려고 한다.

주인공 '그'는 이제 막 군대를 전역해 돈이 없어 어쩔 수 없이 군용열차를 타게 된다. 군용열차에선 검은 각반을 두른 소수의 현역들이 힘이 없는 다수의 제대자들의 돈을 뺏고 있었는데, 모두가 검은 각반들을 두려워하며 돈을 줬고 그는 분해하지만 나서지 못하는 자신에 대하여 한심하게 생각한다. 이 소설을 읽으면 군중심리라는 말이 떠올랐다. 군중심리란 무리 속에서 개인의 특성이나 사람들의 관계가 무너지고 사람들이 쉽게 동질화되는 것을 의미한다. 이처럼 군용열차 안의 사람들은 본인은 돈을 주는 것에 대해 억울하게 생각하면서도 "다른 사람이 가만히 있으니까 나도 가만히 있어야 한다."라는 군중심리를 잘 나타낸 사건이 대구 지하철 화재 참사(2003년)라고 생각한다. 전철 안에 불이 나서 연기가 자욱한데도 단 한 사람도 신고나 움직이지 않고 자리에 앉아 있었다. 결국 그 불은 다른 전철에도 옮겨붙어 수많은 인명 피해가 발생했다. 이처럼 우리 사회의 사고인지 능력과 군중 앞에 나서는 것에 대한 두려움이 우리나라 최고의 사고로 커졌다. 내가 정말 하고 싶은 말은 단순히 군용열차 안에서 일어난 단순 갈취, 협박 등이 아니라 다른 사람의 시선이 두려워서 남들이 하는 대로 군중심리 속에 갇혀 버린다면 모두가 피해를 입고 심지어는 목숨까지도 잃을 수 있다는 것을 사람들이 알고 있어야 한다라는 것이다. 다른 사람이 살인을 당하고 있었는데도 38명의 사람들이 그것을 방관만 하고 있었던 사건도 있었다. 1963년 38명의 뉴욕 시민들은 한 이웃 소녀가 살인마에 의해 무참히 살해당하는 것을 창문으로 지켜만 봤다. 피해자는 수차례 칼에 찔리면서 비명을 질렀고 살인마는 범행 후 자신의 차 안으로 돌아갔다. 하지만 창문 너머 살해 현장을 목격한 사람들 중 그 누구도 경찰에 신고를 하거나 피해자를 도와주려고 하지 않았다. 오히려 창문을 닫고 자신의 일을 하면서 "다른 사람이 신고하겠지."라는 생각만 하며 방관만 했다. 사람들의 신고만 있었다면 살 수 있었던 피해자는 끝내 과다 출혈로 사망하게 된다. 나 또한 이런 군중심리나 방관에 대해 경험했던 적이 있는데, 그것은 생리학 강의 시간이었다. 그날따라 유난히 어렵고 이해하기 힘든 심장에 대한 강의였는데, 교수님께서 "이해가 안 되는 사람 있으면 손을 들어라."라고 말씀하셨고 다들 서로의 눈치만 보다가 친구 한 명이 "교수님 이해가 잘 가지 않습니다."라고 말했다. 그리고 거기에 동의를 했던 몇 명의 친구들 덕분에 다시 설명을 들을 수 있게 되었다.

이러한 일은 실제로 강의 때 많이 일어나며 모두들 자신이 모르는 것과 무리 속에서 목소리를 높여 말한다는 것에 대해 많이 부끄러워하고 있다. 하지만 이런 작은 일에도 나의 목소리를 높이지 못한다면 나의 목숨을 좌우할 상황에선 어떻게 목소리를 높여 사람들을 설득하고 행동할까라는 생각이 들게 했다. 『필론의 돼지』를 읽으며 강의 시간조차 나의 의견을 목소리 높여 말하지 못한 것에 대하여 반성하게 되었고, 상황에 대한 이성적인 판단과 개개인의 태도를 변화시킴으로써 더 이상 대구 지하철 참사 같은 비극적인 사건이 일어나지 않길 바란다.

(나) 큰 폭풍으로 뒤집힐 듯 흔들리는 배 안에서 우왕좌왕하는 사람들이 있다. 그중 배의 선창에는 사람들의 소동에 아랑곳없이 편안하게 잠자고 있는 돼지의 모습이 보인다. 결국 현자인 필론이 할 수 있었던 것은 돼지의 흉내를 내는 것 뿐이었다.

나는 위의 이야기를 이 소설을 읽기 전에 어디선가 본 적이 있었다. 그때에는 '이 돼지의 모습이 당시 필론의 모습을 대변해 주었나 보다.'라는 생각이 단순히 들었지만, 오늘 이 소설 속의 마지막에 등장한 이 이야기는 소설로 인해 한층 깊은 의미를 내포하고 있을 수 있겠다는 생각이 들었다. 아마도 필론의 모습과 이형의 모습이 겹쳤던 것은 아니었을까? 시끄럽고 정돈되지 않은 불안한 외부 상황과 어찌해야 할지 머릿속으로는 알지만 몸이 행하지 못하는 마음이 같아서 그랬을 법도 하겠다는 생각이 들었다.

'작가는 이 이야기를 통해 무엇을 말하고 싶었던 것일까?' '소설의 마지막에 작가는 이 뜬금없는 구절을 왜 넣었을까?'에 대해 더 생각해 볼 수 있겠다.

이야기는 열차 안에서 시작된다. 기다리던 고향까지 가기 위해 이형은 군용열차에 몸을 싣게 된다. 그 안에서 예전 입교동기였던 홍동덕을 만나게 되고, 뒤이어 등장한 검은 각반으로 인해 열차는 시끄러워지게 되는 소동을 담은 줄거리다.

여기에는 나에게 이형을 제외한 인상적인 인물이 두 명 있다. 한 명은 바로 건장한 '제대병'이다. 이 제대병은 열차 안 사람들에게 영웅이라고 생각되었지만, 검은 각주에게 붙어 버린 인물이다. 우리 주위에 있을 법한 계산적인 사람인 것이다. 이 제대병은 단순히 자신의 이익만을 생각해 이러한 행동을 하였을까? 처음부터 그럴 의도는 아니었으리라. 당장 눈앞에 다가온 달콤한 제안에 빠져 버린 것은 아니었을지도 모르겠다는 생각이 든다. 하지만 결국 이 영웅은 비참한 몰골로 돌아왔을 뿐이었다. 그러나 다른 한 명은 조금 달랐다. 바로 구석에서 흥분에 찬 우렁우렁한 목소리를 낸 한 '제대병'이다. 이 사람이야말로 진짜 영웅이라고 생각한다. 모두가 눈치를 보며 나서지 않고 있을 때, 조금의 여지, 조금의 동기부여, 조금의 힘을 주어 모두를 일깨우며 선동한 인물이기 때문이다. 이와 같은 인물은 자주 보이지 않는다. 모두 사람 앞에 나서서 반대를 외치기 어렵기 때문이다. 우리 주변만 보아도 쉽게 알 수 있다. 학급이 잘못된 방향으로 분위기가 흘러가도 아무도 선뜻 나서지 못하는 상황만 보아도 알 수 있다. 그런 의미에서 대단하다고 생각한다.

이 와중에 가만히 흘러가는 상황을 지켜볼 뿐이었던 이형은 난폭해진 공간을 벗어나 버렸다. 기껏 한다는 행동이 그 객차를 빠져나오는 것뿐이었다. 그 후 뒤늦게 도착한 헌병과 호송병의 소리, 이를 들은 이형의 머릿속은 어떠했을까. 어떠한 행동이라도 밖으로 내보인 두 명의 제대병과 비교되어 가만히 있던 자신이 한심스러웠을지, 그저 이 상황이 짜증나거나 우울했을지 나는 알 수가 없다. 그저 편하지만은 않았으리라 추측할 뿐이다. 마지막에 그가 마신 소주가 화끈거렸던 것이 그의 얼굴이 화끈거렸음을 보여 주었던 것일지도 모르겠다.

결국 소설의 마지막에 등장한 뜬금없는 필론의 이야기, 배운 것도 많고 남에게 조언할 능력도 갖춘 열심히 노력하는 현자인 그가 편안하게 잠자는 돼지의 겉모습만을 보고 똑같이 따라 하는 이 상황을 소설의 끝에 넣은 것은 이형이 어리석은 행동을 하였음을 비유한 것이라고 생각한다. 주위 제대병들의 모습만을 보고 자신 또한 가만히 있는 것이 지금 자신이 할 수 있는 최고의 것이라고 생각하는 어리석음 말이다. 스스로를 낮게 착각하여 그대로 단정 지어 버린 것이다.

나 또한 살아오면서 여러 가지 상황 속에서 필론의 돼지가 되어 왔던 것은 아니었을지 다시 한번 생각해 보게 되었다.

아마 살아가면서 한번쯤은 모두 이와 같은 경험을 해 본 적이 있을 것이다. 약자 아닌 약자가 되거나 강자 아닌 강자가 되어 본 경험 말이다. 혹은 이러한 장면을 목격한다면 어떻게 반응할 것인가. 나 또한 이 소설 속 인물과 같이 행동할지도 모르겠다. 하지만 중요한 것은 결국 주변의 여건과 환경 관련 없이 아무렇지 않게 자신의 정의대로 소신 있게 살아가는 것이라고 생각한다. 이 소설을 통해 다시 한번 깨닫게 된 것이 있다면 나를 바꿀 수 있는 것은 나라는 사실이다.

(a) (가)와 (나)에서 감상문으로서의 특징이 강한 부분을 각각 찾아보시오.

(b) (가)와 (나)에서 비평문으로서의 특징이 강한 부분을 각각 찾아보시오.

(c) 감상문으로서의 특징이 절대적으로 강한 글을 10점, 전혀 그렇지 않은 글을 0점으로 했을 때, (가)와 (나)는 몇 점을 부여할 수 있는지 이유를 들어 설명해 보시오.

(d) 비평문으로서의 특징이 절대적으로 강한 글을 10점, 전혀 그렇지 않은 글을 0점으로 했을 때, (가)와 (나)는 몇 점을 부여할 수 있는지 이유를 들어 설명해 보시오.

2. 감상문과 비평문의 내용 생성 방법

1) 내용을 떠올리는 데에 도움이 되는 질문에 답해 보기

일정한 텍스트를 읽고 자신의 견해를 밝혀야 하는 과제를 수행할 때에는 다음과 같은 예시 질문에 답변을 해 보는 것이 도움이 된다. 다만 텍스트가 글로 된 것인지 아닌지, 문학작품인지 아닌지에 따라서 적용할 수 있는 질문은 일정한 차이를 보인다는 점에 유의한다.

• 텍스트에 대한 사실적 이해
- 텍스트의 중심 내용은 무엇인가?
- 텍스트의 구조는 어떠한가?
- 이 텍스트의 독특한 점이 있다면 무엇인가?

• 텍스트에 대한 추론적 이해
- 이 텍스트의 작가는 결국 무슨 말을 하고 싶었던 것일까?
- 이 텍스트의 제목이 의미하는 바는 무엇일까?

• 텍스트에 대한 창조적 이해
- 가장 인상적인 등장인물/장면/부분은 어떤 것인가? 왜 그런가?
- 내가 등장인물 중의 한 사람이라면 특정 장면에서 어떻게 행동했을까?
- 텍스트의 등장인물/사건 사고/주요 내용을 통해 연상되는 주변 인물이나 경험이 있는가?
- 동료와 함께 토의해 보고 싶은 주제는 무엇인가?

2) 감상문의 특성에 적합한 질문에 답해 보기

- 텍스트의 주제는 무엇인가?
- 나는 그 주제에 대해서 어떠한 입장을 갖고 있나?
- 텍스트를 접하게 된 계기나 동기는 무엇인가?
- 텍스트의 내용이나 개략적인 성격은 무엇인가?
- 텍스트를 접하기 전과 후 나의 달라진 점은 무엇인가?
- 일반적인 구조(서론-본론-결론)를 따를 것인가, 아니면 독창적인 구조를 선택할 것인가?
- 감상의 내용은 무엇인가? 그리고 그 감상을 떠올리게 된 근거를 텍스트 안에서 찾는다면 무엇인가?
- 초고 작성을 마친 뒤에 다음과 같은 평가 항목으로 자기 점검을 할 수 있다.
  - 텍스트의 내용을 잘 파악하고 있는가?
  - 감상문의 내용이 명백하고, 초점이 분명한가?
  - 매력적인 도입과 납득할 만한 결론을 이끌어 내는가?
  - 텍스트를 접하기 전과 후 자신의 변화가 어떠한지 분명하게 드러나는가?
  - 텍스트의 등장인물의 행동 및 심리 상태(혹은 주요 내용)와 자신의 생각을 연결하고 있는가?
  - 감상문 작성자의 생활이나 경험이 잘 드러나는가?

3) 비평문의 특성에 적합한 질문에 답해 보기

- 비평하고자 하는 대상은 정확히 무엇인가?
- 비평하고자 하는 대상의 특징은 무엇인가?
- 내가 비평문을 통해 궁극적으로 말하고 싶은 바를 한 문장으로 표현한다

면 무엇인가?

• 내가 비평문을 통해 주장하고 싶은 바를 나열한다면 무엇인가?
• 각각의 주장을 뒷받침할 수 있는 근거에는 어떠한 것들이 있는가?
• 뒷받침하기 위해 선정한 근거는 객관적인가?
• 초고 작성을 마친 뒤에 다음과 같은 평가 항목으로 자기 점검을 할 수 있다.
  - 무엇을 말하고자 하는지 분명하게 설정했는가?
  - 문제의 통찰이나 대상에 대한 관점이 참신한가?
  - 문제해결 방안은 구체적이고 실현 가능한가?
  - 논지를 뒷받침하기 위해 제시된 논거는 적절한가?
  - 글의 조직은 글의 목적을 달성하는 데에 기여하는가?
  - '비평'이라는 장르에 적합한 문체인가?

실천 활동

■ 교수자의 안내에 따라 다음 양식을 활용하여 감상문 혹은 비평문을 작성해 보시오.

글을 쓰고자 하는 주제: ______________________________

예상 독자: ______________________________

글을 쓰는 목적: ______________________________

제목: ______________________________

본문: ______________________________

____

____

Do as you would be done by. 남이 너에게 해 주고 싶은 대로 남에게 하라. – 외국 속담

_글쓰기 상식 코너

글쓰기 오류 바로잡기!
- 끝음절 -

샅샅이/샅샅히
번듯이/번듯히
지긋이/지긋히
곰곰이/곰곰히
지극이/지극히
엄격이/엄격히
간편이/간편히
꼼꼼이/꼼꼼히

문장 쓰기 노하우(장미영, 2010)

1. '-들'의 사용 주의
문맥을 통해 복수임을 알 수 있는 어휘가 있을 경우는 굳이 '-들'로 표현하지 않아도 된다. 이것은 어려서부터 외국어 교육을 받은 결과로 's', 'es'를 복수에 붙여야 한다는 것과 같은 맥락으로 적용하기 때문이다. 한글에서는 문맥상 복수임을 확인할 수 있을 경우는 굳이 복수 접미사를 사용하지 않아도 된다.

2. 수식과 수식을 받는 말을 근접해서 사용하기
- 나는 저 예쁜 꽃을 달고 있는 아가씨를 사랑한다.
- 나는 예쁜 꽃을 달고 있는 저 아가씨를 사랑한다.
- 나는 예쁜 저 꽃을 달고 있는 아가씨를 사랑한다.

앞의 예문에서 핵심적인 의미는 '나는 아가씨를 사랑한다.'다. 그러나 예문의 밑줄 친 부분에서 알 수 있듯이 각 문장마다 의미가 조금씩 다르다. 따라서 수식하는 말은 수식을 받는 말 가까이에 있어야 한다.

3. 접속어를 생략한 후 정리하기

문장의 접속어를 올바로 쓰지 않으면 문장의 논리성이 무너진다. 글을 잘 쓰지 못하는 사람의 경우 접속어의 적절한 활용을 못하는 경우가 많다. 이를 보완하기 위해서는 접속어를 다 생략한 후에 문장을 다듬어 보는 것이 효과적이다. 접속어로 논리를 만들려고 하지 말고 문장으로 논리를 만든 다음 접속어로 연결해 보자.

제11장

논술문

A 주제에 대해 찬성과 반대 입장 중 한 가지 입장을 선택하여 논술문을 작성해야 하는 과제가 주어졌다고 가정해 보자. 과제를 부과한 교수님은 A 주제에 대해 개인적으로 찬성 입장이라고 하셨지만, 학생들은 어떤 입장을 취해도 괜찮다고 하셨다. 만일 평소에 자신이 A에 대해 반대 입장을 갖고 있었다면, 이런 상황에서 어떻게 반응하는 것이 가장 바람직할까?

혹시라도 교수님의 입장과 같은 찬성 입장을 골라 글을 쓰겠다는 생각이 들었다면, 이는 논술문의 성격을 오해한 것이라 할 수 있다. 앞의 상황에서 교수님은 학생이 찬성 입장인지 반대 입장인지에 대해서는 큰 관심이 없을 확률이 높다. 그 대신 교수님이 관심을 갖고 있는 부분은, 학생이 '왜, 어떤 이유로, 무엇 때문에' 그러한 입장을 갖게 되었는지를, 얼마나 논리적으로 글로 표현해 내는가 하는 것이다.

1. 논술문의 개념과 특성

논술문이란 일정한 주제에 대해 필자의 주장이나 의견을 논리적으로 서술한 글을 말한다. 논술문을 작성하는 목적은, 필자가 자신의 견해를 일정한 근거를 들어 설득함으로써 읽는 이의 변화를 이끌어 내는 데에 있다. 흔히 논술문을 대학 입학을 위한 글쓰기 정도로만 한정하여 생각하는 경우가 있기는 하지만, 모든 논술문이 대학 입학을 위한 글쓰기 시험인 것은 아니다. 대학 입학과 관련이 없는 논술문도 존재할 수 있으며, 논술문 작성을 위한 글쓰기 공부는 그 자체로 사고력과 표현력을 신장할 수 있는 좋은 기회가 된다.

논술문이 대학 입학에도 활용되기 때문에 다른 유형의 글쓰기와는 달리 논술에 대한 여러 가지 입장이 존재한다. 이들은 크게 두 가지로 구분할 수 있는데, 글쓰기가 갖고 있는 공통적인 성질에 주목하는 입장과 논술문이 갖고 있는 논리적 사고의 고유성에 주목하는 입장이 그것이다. 글쓰기가 갖고 있는 공통적인 입장에 주목하는 경우에는 필자의 분명한 주장과 합리적인 근거, 다른 이들에게 일정한 영향을 미치고자 하는 설득 등과 같은 요소를 중시한다. 반면에 논리적 사고에 주목하는 경우는 논술문을 다른 글쓰기에서 분리하며 논리적 · 비판적인 사고를 중점으로 삼고, 창의적인 문제 상황 해결 등과 같은 요소를 중시한다.

일반적으로 논술문의 특성은 크게 다음의 세 가지로 정리할 수 있다.

첫째, 논술문은 주장을 정당화하기 위해 적절한 근거를 제시해야 하는 논리적인 글이다. 논술문은 객관적인 세계, 인간에 대한 보편타당한 지식과 진리를 추구하는 학문적 의사소통의 기본 양식이다. 이는 대학 입시에서 논술문을 글쓰기 유형으로 채택한 것과도 일맥상통하며, 대학에 이미 입학을 했지만 여전히 논술문에 관심을 가져야 하는 이유와도 연결된다.

둘째, 논술문은 이성적이고 논리적인 설득이라는 의사소통 방식을 요구한다. 대학의 구성원이라면 누구나 합리적 사고를 토대로 자신의 견해를 발표할 수 있는 능력을 갖추고 있어야 한다. 또한 다른 사람의 견해를 합리적인 평가 기준에 의해 수용할 수 있는 능력도 필요하다. 논술문은 바로 이러한 능력을 향상시켜 줄 수 있는 중요한 유형의 글쓰기다.

셋째, 논술문은 능동적이고 주체적으로 삶을 영위할 수 있게 해 주는 도구다. 세상과 담을 쌓고 살아가기로 작정한 것이 아닌 이상, 사람은 누구나 일정한 공동체에 속하여 끊임없이 발생하는 다양하고 예상치 못한 문제 상황에 적극적으로 대처해 나갈 것을 요구받는다. 이는 대학을 떠나서도 예외가 되지 않는다. 이때, 각자가 처한 상황에서 자신과 자신이 속한 공동체에 닥쳐오는 어려움을 주체적이고도 합리적으로 접근하여 해결하는 과정은 논술문 작성 과정과 크게 다르지 않다.

2. 좋은 논술문 작성을 위한 원리

첫째, 글을 쓰는 이는 자신이 글을 쓰고자 하는 바에 대해 정확하게 알고 있어야 한다. 이 책으로 글쓰기를 학습하는 학생들은 이미 대학에 입학했기 때문에, 짧은 시간에 까다로운 조건을 충족하면서 정해진 분량에 맞춰 작성해야 하는 상황에는 더 이상 처하지 않게 된다. 주어진 문항의 자료 글 외에 필자의 지식에 의존해서 글을 써야 하는 상황이 아니기 때문에, 대학에서 작성하는 논술문을 쓰기 위해서는 사전에 자신이 작성하고자 하는 논술문의 주제와 관련된 정보를 폭넓게 파악하고 있어야 한다.

둘째, 작성한 논술문은 논리적이어야 한다. 이미 앞선 장에서 통일성의 원리나 글 내용의 구성 등에 대해 학습한 바 있다. 논술문 역시 글쓰기의 한 하위 유형이기 때문에, 일반적인 글쓰기가 갖추어야 할 요건을 잘 지킬 필요가 있다. 더군다나 논술문은 독자가 필자의 의견을 얼마나 설득력이 있는 것으로 받아들이는가가 매우 중요한 문제가 되기 때문에, 반드시 개요 작성을 통해 논리적인 짜임을 확보해야 한다. 만일 어떤 논술문이 통일성을 지키지 못했다거나, 글의 주장이 일관되지 않다거나, 서론 · 본론 · 결론의 구조를 제대로 지키지 못했다거나, 주제 문장과 뒷받침문장의 구분이 명확하지 않다거나 하는 평가를 받는다면, 그 글은 논리적인 논술문이라고 보기 어렵다.

셋째, 주장을 뒷받침하기 위해 제시하는 논거는 타당해야 한다. 논거란 주장에 대한 근거를 말한다. 타당한 논거를 위해서 가장 중요한 것은 관련 내용을 정확하게 이해해야 하고, 다른 논술문을 읽어 가며 주장과 논거의 관계에 대해 충분히 파악해야 한다. 다른 이가 작성한 논술문을 읽으며 주장에 대한 근거가 타당한지를 비판적으로 살펴보고자 한다면, 다음의 구조대로 설명이 가능한지를 판단해 보는 것이 가능하다.

> "이 글의 주장은 A다. 그런데 이 주장을 뒷받침하기 위한 근거로는 B를 제시하였다. 하지만 B는 A를 주장하기에는 C라는 점에서 적절하지 않다. 따라서 이 글의 논거가 적절하다고 보기 어렵다."

실천 활동

1 다음 글을 읽고 물음에 답해 보시오.

(가) 미인들이 넘쳐 나는 세상은 이전보다 더 아름다워졌을까? 그리고 아름다운 외모 덕분

행복은 나비다. 당신이 쫓아다니면 늘 잡을 수 없는 곳에 있지만, 조용히 앉아 있으면 당신에게 내려앉을지도 모른다. - 나다니엘 호손

에 우리는 더 행복하고 멋진 인생을 사는 것일까? 개개인이 미적 권리(aesthetic right)를 주장하는 것. 더 아름다워지기 위해 자신을 가꾸고 치장하는 것은 분명 바람직한 일이다. 미적 권리를 생존권과 대별되는 것으로 단언하며 외모 꾸미기를 돈 많은 상류층의 잉여적이고 장식적인 유희로 간주하거나 본업(공부, 일 등)은 방치한 날라리들의 유일한 삶의 탈출구로 폄하해 온 우리 사회의 오랜 엄숙주의 역사를 고려한다면 더욱 그러하다. 오히려 최근의 외모 꾸미기나 폭발적인 미적 요구는 인간의 삶에서 미적 차원의 풍부함과 역동성을 재평가하고 그로부터 주체의 당당한 미적 권리를 재구성하는 시도로서 긍정적으로 평가될 수도 있다. 그런데 문제는 그 결과다. 당당하게 주체적으로 미적 권리를 실현하겠다는 노력은 왜 끝없는 탐욕과 획일화로 귀결되는 것일까? 아이러니하게도 외모 꾸미기를 위해 노력하는 사람들은 '자기 충족적 만족'이 아니라 무한 경쟁에 돌입하게 된다. 발 빠르게 정보를 찾아다니고, 부지런히 운동하고, 돈 벌기 무섭게 신종 미용 상품을 구매하고 시술을 받는 데도 쉽게 만족하지 못한다. 세상에 널린 게 미인이니, 온갖 노력을 해도 큰 차이가 없다. 문제는 이제 외모 꾸미기를 잠시도 멈출 수 없다는 데 있다. 능력 있는 인재임을 증명하려면 자기 관리가 필수적인 세상이 되었다. 새벽에 영어 학원을 다니듯이 퇴근 후에는 헬스클럽에 들러야 한다. 먹고 싶은 것도 못 먹고 운동에 매달려야 한다. 그렇게 많은 돈을 써 가며 노력한 외모 꾸미기를 이뤄 모두 같은 얼굴, 같은 몸매라고 한다면, 그래서 놀랍게도 전 국민이 미모의 평준화를 이룬다면, 마침내 외모 민주주의를 이룩한 자랑스러운 대한민국을 위해 만세라도 불러야 하는가?

다양성의 풍부함, 역동성에서 시작된 미적 권리의 결과가 획일화라면 뭔가 이상하다. 이 사회의 진리이자 당위로서 의심의 여지가 없었던 외모 꾸미기는 어느새 대중의 자발적인 미적 권리의 발현이 아니라 강력한 미적 압력(aesthetic pressure)으로 변질되어 버린 듯하다. 미적 압력이란 모든 사람에게 '아름다워질 것'을 강요한다는 의미다. 그런데 긍정적 명령("아름다워져라.")의 형식으로 구성된 미적 압력은 당근과 채찍을 동반한다. 이 명령을 지키지 않은 사람에게는 미적 경멸(aesthetic derogation)이라는 채찍이 따른다. 미적 경멸이란 외모를 이유로 하는 특정인에 대한 멸시를 의미한다. 미적 압력은 외모 꾸미기를 부추길 뿐 아니라 아름답지 않은 사람에 대한 경멸을 필연적으로 정당화한다. 아름답지 않은 사람에 대한 경멸은 공공연하게 이루어진다. 비꼬는 농담에서부터 폭력적인 비난에 이르기까지 경멸의 수위는 다양하다. 외모에 신경 쓰지 않거나 미적 감각이 떨어진다고 판단되는 사람은 공공의 적이 된다. 그런데 자세히 살펴보면 이 공격에 합세하는 모든 사람이 출중한 외모를 갖춘 것도 아니다. 그럼에도 타인의 외모를 트집 잡고 비웃는다. 이 공격자들이 적어도 상대보다는 자신의 외모가 낫다고 믿는 것인지 아니면 한 사람을 공격함으로써 자신에게 닥칠 공격을 면하고자 함인지 분명하지 않다. 그러나 적어도 분명한 사실은 이들이 미적 경멸에 참여함으로써 스스로 미적 압력에 순응할 것을 서약한다는 점이다.

출처: 김주현(2009).

(나) 성형외과 일을 하다 보면 더러 유명하다는 탤런트들도 환자로 만나게 된다. 나는 브라운관을 통해 볼 때나 성형외과 의사 입장에서나 나무랄 데 없이 아름답다는 생각을 하지만 정작 본인들은 그렇게 느끼지 않는 모양이다.

예쁘다고 꼽히는 탤런트들조차 얼굴이나 몸매에 대해서 상당한 콤플렉스를 가지고 있는 경우가 많다. 탤런트 k양의 경우가 바로 그러하다. 평소 텔레비전이나 영화를 자주 보지 못하는 필자는 처음에는 그녀가 유명한 탤런트라는 사실을 알지 못했다. 나중에야 간호사들을 통해서 요즘 가장 인기 있는 드라마의 주역이며 광고에도 출연하는 신인 유망주라는 것을 알게 되었다. K양의 수술은 그리 힘든 것은 아니었다. 병원에 오기 전에 스스로 충분한 사전 지식을 가지고 왔다. 회복 과정에서도 의사의 지시를 잘 지켜 충분히 만족할 만한 결과였다. 그러나 처음부터 모든 일이 쉽게 풀린 것은 아니었다. 우선 처음에는 필자가 수술을 만류했다. K양의 적극적인 팬인 간호사도 k양의 코는 충분히 아름답고 누구나 부러워할 정도라고 했다. 의사의 입장에서 봐도 그녀의 코 중간 부분이 조금 어색하지만 그 정도면 충분히 오뚝한 편이니 굳이 수술을 하는 것보다는 화장으로 잘 커버하는 게 낫지 않겠느냐고 권했다. 그러나 K양의 주장은 달랐다. "여섯 살 무렵에 코를 다친 적이 있어요. 그래서 코 중간 부분에 작은 상처가 생겼고 학교에 다닐 무렵엔 늘 그 부분이 신경이 쓰였어요. 탤런트 시험에 떨어지면 코 때문일 거라고 생각했을 정도였어요." 상처는 보이지도 않을뿐더러 꺼진 부분도 겉으로 보기에는 아무렇지도 않다고 여러 번 말려도 막무가내였다. "의사 선생님이나 주변 사람들은 제 마음을 몰라요, 연기보다도 코에 신경이 쓰일 때도 있어요." 그녀는 끝내 고집을 꺾지 않았다. 사실 이쯤 되면 수술을 할 수밖에 없었다. 나이가 든 환자들 중엔 2, 30년간이나 자신의 특정 부위에 대해서 콤플렉스를 느끼다가 쉰 살을 넘긴 나이에 수술을 결심하게 되는 경우도 있다. 이 경우 대부분 수술 후 자신감을 얻었다고 밝히곤 한다. K양은 수술 후 마지막 면담에서 "이미 두어 번 녹화를 했는데 예전과는 달리 이제는 카메라를 정면으로 볼 때도 자신감이 생긴다."며 즐거워했다. 그래서 성형외과 의사는 얼굴이 아니라, 마음속의 콤플렉스를 고치는 직업이 아닌가 하는 엉뚱한 생각도 해 본다.

출처: 동아일보(1996. 9. 26).

(다) 어떤 사람은 겉으로 드러나는 아름다움보다 실제 아름다움이 더 중요하다고 말한다. 그러나 요즘 경향을 보면 "내면의 아름다움은 연애하는 데 아무런 도움도 되지 않는다."라는 말처럼 잔인한 현실을 보여 준다. 그래서 화장품, 성형수술 등 아름다움에 대한 사회적 투자가 교육에 대한 투자를 넘어선 것도 놀랄 일이 아니다. (미국의 경우) 외모에 대한 투자는 사랑을 보장해 주는 것처럼 보인다. 육체적 아름다움은 감정을 부추기고, 돈을 움직이고, 권력을 만들어 내고 절대 권력을 무너뜨린다. 반면에 영혼의 아름다움이나 내면의 아름다움에 관해 이야기할 때 이상주의와 수사학에 빠질 위험이 있다. 외적인 아름다움을 더 중시하는 대부분의 사람에게 내면의 아름다움은 하나의 가설에 지나지 않는다. 그러나 아름다움은 눈에 보이는 것만을 위하는 것이 아니다. 눈에 보이지 않는 주관적인 것에도 쓰인다. 외적인 아름다움과 내적인 아름다움 둘 다 존재한다. 외적인 아름다움이 더 명백하고, 시선을 끌기에 더 적합하고, 더 순간적이고 유효기간이 더 짧다. 반면 내적인 아름다움은 더 예민하고, 인식하는 데 더 오랜 시간이 필요하고 더 심오하다.

영혼의 아름다움은 지성, 정직함, 조화, 관대함의 아름다움이다. 화장품, 세련된 의상, 최신 자동차와는 아무 관계가 없다. 그리고 연봉이 올라간다고 해서 영혼의 아름다움이 우리 것이 되지는 않는다. 하지만 표면적인 것을 넘어서서 영혼의 아름다움을 볼 수 있게 된다면 우리는 영감을 얻게 되고 삶을 바꿀 수 있다.

출처: Ferrucci(2009).

(a) 글 (가)에 나타난 '외모 꾸미기'에 대한 필자의 견해를 간단하게 요약하시오.

(b) 글 (가)~(다)를 읽고 자신이 생각하는 '외모 지상주의'에 대한 의미를 간략하게 진술하고, '외모 지상주의'가 사회적으로 미치는 영향에 대하여 설명하시오.

(c) 현대인이 갖추어야 할 미(美)의 기준에 대한 자신의 견해를 밝히고, 사회적으로 대두되는 '외모 지상주의'에 대한 문제점을 해결할 수 있는 방안을 제시하시오.

2 다음 자료 글을 읽고 이어지는 활동을 해 보시오.

안락사, 인정할 것인가 말 것인가?

찬성	반대
[1] 사람들은 누구나 자신의 고통을 멈추기 위해 '편안한 죽음'을 요청할 수 있어야 한다. 암으로 고통받는 희생자들이나 에이즈 환자, 또는 운동신경장애를 겪는 사람들이라면, 치료의 마지막 단계에서 조금이나마 생명을 더 연장시켜 보려 애써 보지만, 오히려 육체는 더욱 쇠약해지고 고통은 더욱 커진다는 사실을 잘 알 것이다. 의사가 처방하는 치명적 약물주사나 모르핀 과다복용 등을 통해서라도 그들이 사람답게 죽을 수 있도록 허용해야 한다.	[1] 환자가 심한 고통을 당한다 하더라도 의사로서 마땅히 지켜야 할 본분이 있는 법이다. 의사라면 누구나 맹세하는 히포크라테스 선언문에도 나와 있듯이, 의사의 역할은 병을 고치고 환자가 건강을 회복하도록 하는 것이지 환자를 죽이는 것이 아니다. 의사들에게 자신의 직업적 선언을 다른 것과 타협하도록 한다든가, 환자에게 안락사를 최선의 선택으로 권유하게 하는 식의 크나큰 도덕적 압박감을 주어서는 안 된다. 요즘은 효과가 높은 진통제가 많이 개발되어 있으므로 불치병을 앓는 사람이라도 큰 고통을 느끼지 않을 수 있다. 안락사가 아닌 진통제의 사용이야말로 고통스런 불치병에 대한 해답이다.
[2] 예기치 못한 사건으로 식물인간이 되거나 식물인간 상태로 계속 존재하게 될 때 더 이상 생명을 연장하고 싶지 않다는 내용의 '사망 선택 유언서'를 쓰고 싶어 하는 이들도 있을 것이다. 우리는 죽음에 대한 그들의 바람을 존중해야지, 인간다운 삶을 누리지 못하고 살아가는 그들의 마지막 소망을 저버린 채 끝까지 붙들고 있어서는 안 된다.	[2] 의식불명이나 식물인간 상태에 있던 사람이 일정 기간이 지난 후에 다시 의식을 되찾게 되었다거나, 불치병을 앓던 환자가 기적적으로 회복되는 일들이 있다. 안락사를 허용한다는 것은 앞으로 몇 년은 더 살 수 있는 사람을 죽음으로 몰아가는 위험스런 일이 될 수 있다. 안락사를 사용하는 것은 사형집행처럼 그 실수의 대가가 너무 크다.
[3] 의사의 입회하에서 안락사가 진행되는 일이 허용되는 경우가 있다. 환자의 고통을 덜어 줄 수 있는 양만큼의 진통제를 투여하기 위해서라고 하지만 사실상 영원히 세상을 달리할 수 있도록 해 주는 것이다. 이런 식으로 약물의 '이중 효과'를 사용하는 예가 요즘 들어서는 나쁜 것	[3] 누군가의 고통을 덜어 주려다가 그 여파로 죽게 만드는 것과 의도적으로 그 사람을 죽이는 것은 본질적으로 다른 이야기다. 의사에게 환자를 죽일 수 있도록 허용하거나 이를 요구해서는 결코 안 된다.

The rope has not been made that binds thoughts. 생각을 묶는 밧줄은 아직 안 만들어졌다. - 외국 속담

으로 간주되지 않고 있으며 안락사의 허용도 다만 이러한 원칙의 연장일 뿐이다.	
[4] 선거의 권리에는 기권의 권리가 포함되어 있고, 자유롭게 말할 수 있는 권리에는 침묵할 수 있는 권리가 포함되어 있듯이, 살 수 있는 권리에는 죽음을 선택할 권리도 포함되어 있음을 알아야 한다. 즉, '나의 몸, 나의 생명, 나의 선택'인 것이다.	[4] '죽을 수 있는 권리' 같은 것은 말도 안 되는 얘기다. 자살은 언제나 옳지 않은 것이며, 다만 자살을 시도했다가 실패한 사람들에게 사형선고를 내리는 경우 같은 어리석은 상황에서만 합법적인 것이다.
[5] 신체적인 질병이 너무 심해 스스로 목숨을 끊을 수도 없는 사람에게 안락사를 하지 못하도록 한다는 것은 신체장애자들에 대한 차별대우다. 다른 사람들에게 있어서는 자살이 불법이 아닌 데도 말이다. 따라서 안락사, 즉 '의사의 도움을 받는 자살'은 반드시 허용되어야 한다.	[5] 자살은 불법이 아니지만 자살을 돕는 것은 불법이다. 이런 행위를 허용하게 되면 곧바로 심각한 학대 위험의 문제가 제기될 것이다. 재산상속 문제나 부족한 의료물자 문제를 떨쳐 버리기 위해 환자를 '제거'하려는 파렴치한 의사나 친척들의 수단으로 악용될 수가 있다.
6] 안락사는 환자가 큰 고통 속에 서서히 죽어가는 모습을 지켜보며 느껴야 하는 환자 가족들의 불필요한 슬픔을 막아 주고, 환자의 마지막 소원인 죽음을 그 가족들이 이루도록 해 주었음을 느끼며 위로를 얻게 해 준다.	[6] 의식불명 상태나 식물인간 상태에 있는 환자들 가운데에는 '사망 선택 유언서'를 쓴 이후 마음이 바뀌었지만 아직 서류의 내용을 변경하지 못했을 수도 있다. 이런 경우 환자의 의사와는 관계없이, 환자 가족들 스스로 그의 죽음을 주관하게 될 수도 있고, 환자의 회복이나 치유 가능성을 배제하게 되는 경우도 생길 수 있다.
[7] 생명보조기를 제거한 후에 '자연스럽게' 죽어 가는 사람들이 의식불명 상태나 식물인간 상태가 되면, 탈수현상이 5일간 계속 되다가 죽음을 맞으면서 모든 신체기관이 멎게 된다. 이런 경우, 안락사를 사용한다면 부모나 가족의 동의를 얻은 후에 그의 장기를 이식할 수 있는 경향이 높아지게 된다.	[7] 어떤 사람의 장기를 이식수술에 사용하기 위한 목적으로 안락사를 시행한다는 것은 도덕적으로도 모순된 일이다. 그저 인간의 장기를 의학 재료로 부당하게 사용하려는 또 다른 구실에 불과하다.

출처: Sather(2008).

(a) 안락사란 무엇인지 정의하시오.

(b) 안락사와 관련이 있는 국내 뉴스(혹은 인터넷에서 찾을 수 있는 자료)를 검색해 소개해 보시오.

- 언제 올라온 글인가?

- 자료의 유형은 어떤 것인가?

- 제목(혹은 헤드라인)은 무엇인가?

- 어떠한 내용을 담고 있는지 세 문장 이상으로 요약해 보시오.

(c) '안락사는 인정해야 한다.'라는 주장에 대해, 자신의 입장을 찬성 혹은 반대 중 하나로 설정하시오.

자신의 입장:

(d) 자료 글과 자신이 찾은 자료를 종합하여, 자신의 입장을 뒷받침할 수 있는 핵심적인 논거는 무엇인지 정리해 보시오.

(e) 자료 글과 자신이 찾은 자료를 종합하여, 자신의 입장과 반대되는 입장이 갖고 있는 논리적인 문제점은 무엇인지 정리해 보시오.

(f) 다음 조건을 참고하여 안락사 문제에 대한 자신의 입장을 제시하는 논술문을 작성해 보시오.

〈조건〉

- 안락사에 대해 명확하게 정의하는 내용을 글 속에 포함할 것
- 안락사와 관련하여 최근 언론에 보도되었던 내용을 소개할 것
- 자신의 주장을 명확히 밝히고, 이를 뒷받침할 수 있는 논거를 풍부하게 포함할 것

제목:

본문:

우리는 모두 한데 모여 북적대며 살고 있다. 그러나 우리는 너무나 고독해서 죽어 가고 있다. - 슈바이처

글쓰기 상식 코너

글쓰기 오류 바로잡기!
– 표현 1 –

지난 겨울은 몹시 춥더라/춥드라.
얼마나 놀랐던지/놀랐든지 몰라.
뭐든지/뭐던지 마음대로 먹어라.
어렸을 때 놀던/놀든 곳
맞춤/마춤 양복
세력이 북극까지 뻗친다/뻐친다.
다리를 뻗친다/뻐친다.

논증적인 글쓰기에서 금기 사항(전북대학교 국어국문학과, 2008)

① 극단적인 표현: 모든, 전부, 절대, 아무도, 무슨 일이 있어도 등
② '나'가 전면적으로 드러나는 표현: 추론을 통해 주장이 드러나도록 해야 함
③ 추측 표현: '~해야 할 것 같다.' '아마도 ~인 모양이다.' 등
④ 남들이 다 알고 있는 것: '누구나 알고 있는 것이지만' 등
⑤ 감탄과 의문, 청유를 나타내는 문장: 논증은 기본적으로 서술형으로 해야 함
⑥ 억지로 만든 복합명사: 차세대대체에너지 개발대책
⑦ 길이가 긴 주어 수식 어구: 문장의 초점이 흐려질 수 있음
⑧ 지나치게 구어적인 표현
⑨ '것이다'의 남용: 명확한 용언으로 표현

제12장

반성적 글쓰기

복기(復棋)란 바둑 용어로, 한 번 두고 난 바둑을 평가하기 위해 두었던 대로 다시 처음부터 놓아 보는 것을 말한다. 어떤 순간에 좋은 판단을 내렸고, 어떤 순간에 좋지 않은 판단을 내렸는지 되짚어 보면서 장단점을 보다 분명히 하기 위한 것이다. 글쓰기를 하고 나서도 이와 같은 일을 할 수 있다. 글을 그대로 다시 쓰는 것이 아니라, 글을 쓴 과정을 떠올려 보며 이에 대해 글을 쓰는 것이다. 이를 반성적 글쓰기라고 부른다.

1. 반성적 글쓰기의 개념과 특성

반성적 글쓰기란, 일련의 글쓰기 과정을 수행한 뒤, 자신의 글쓰기 과정을 성찰하면서 이에 대해 다시 글을 작성하는 것을 말한다(박영민, 2003b). 다시 말해, 한 편의 글을 완성한 뒤 필자 자신이 수행한 글쓰기 과정을 되돌아보면서 글을 쓰는 것이다. '반성적(反省的)'이라는 용어를 사용하는 이유는 자신의 글쓰기 과정을 되돌아본다는 점을 강조하기 위해서다. 반성적 글쓰기는 스스로의 글쓰기 학습 과정을 탐색하기 위한 방법 중의 하나라는 특성을 갖고 있다. 또한 글쓰기와 관련된 자신의 정보를 스스로 파악할 수 있는 기회를 제공한다. 자신이 글을 쓰면서 깨닫게 된 점을 보다 명확히 할 수 있는 효과적인 방법이기도 하다.

글쓰기 능력을 향상하기 위해서는 글쓰기와 관련된 다양한 원리와 방법을 학습하는 것이 상당히 중요하다. 하지만 이러한 학습만으로는 글쓰기 능력이 쉽게 신장되지 않는다. 많은 연습을 통해 글을 써 보는 실제 수행은 글쓰기 능력 신장을 위해 필수적이다. 하지만 무조건 글을 많이 쓰기만 한다고 글을 잘 쓸 수 있는 것은 아니다. 글을 쓰면서 느꼈던 어려운 점, 새롭게 깨닫게 된 점 등을 스스로 점검해 보는 시간을 갖는 것은 글쓰기 능력 신장에 매우 큰 도움이 된다. 머릿속에 뚜렷하게 어떤 아이디어를 갖고 있더라도 글로 표현해 내는 것이 쉽지 않듯, 한 편의 글을 쓰고 난 뒤 자신의 글쓰기 수행 과정의 장점과 단점을 머릿속으로는 파악했다 하더라도 그것을 글로 표현하지 않으면 다음 번 글쓰기에 적절하게 활용하는 데에 한계가 따르게 된다.

반성적 글쓰기는 크게 다음의 세 가지 특성을 갖고 있다(박영민 외, 2013). 첫째, 반성적 글쓰기는 글쓰기 능력 신장이라는 분명한 목적을 갖고 있다. 필자가 스스로의 글쓰기 과정을 되돌아보면서 쓴다는 특징 때문에 의식의 흐름대로 써 나가는 것이 반성적 글쓰기라고 생각하는 것은 오해다. 반성적 글쓰기는 필자로서의 자기 자신에 대한 특징 및 장단점 파악, 개선 방향 모색이라는 핵심 목적을 분명하게 지향한다.

둘째, 반성적 글쓰기는 핵심적인 예상 독자를 자기 자신으로 설정한다. 대학 글쓰기의 대부분은 글쓰기 과제를 부과한 교수님을 예상 독자로 설정한다. 물론 반성적 글쓰기 역시 주요 예상 독자로 글쓰기 과제를 부과한 교

모든 일에 예방이 최선의 방책이다. 없앨 것은 작을 때 미리 없애고 버릴 물건은 무거워지기 전에 빨리 버려라. – 노자

수님이 될 수 있다. 하지만 교수님보다 더 중요한 예상 독자는 글을 쓰는 학생 자신이다. 반성적 글쓰기의 글 내용은 필자의 외부에 존재하는 학습해야 하는 정보나 지식이 아니라, 학생 필자 자신이 이전에 수행한 글쓰기 과정이나 결과물이다. 자신의 글쓰기 과정 및 결과를 되돌아보고 분석하고 평가하는 과정을 통해 자신의 글쓰기 능력을 신장할 수 있기 때문에, 학생들은 반성적 글쓰기를 주도적으로 생산하는 필자이면서 동시에 가장 주도적으로 읽게 되는 독자라고 할 수 있는 것이다.

셋째, 반성적 글쓰기는 앞선 장들에서 제시한 다른 유형의 글에 비해 훨씬 더 고차원적인 사고 기능을 요구한다. 학생 자신의 수행에 대한 분석과 평가가 반드시 포함되어야 하기 때문이다. 단순히 글쓰기 수행을 했을 때의 어려움을 나열하거나 당시의 감정을 설명하는 데에 그친다면 제대로 된 반성적 글쓰기라고 보기 어렵다. 성공적인 반성적 글쓰기에는 자기 자신과 자신이 작성한 글에 대한 정밀하고도 종합적인 분석이 포함되어야 한다.

대학에서의 글쓰기 수업 측면에서 보자면, 글쓰기 과제를 제출하도록 한 뒤 이어서 반성적 글쓰기를 해 보도록 하는 것은 교수자에게도 큰 도움이 된다. 교수자는 학생들의 반성적 글쓰기 결과물을 통해 1차적으로는 그들의 글쓰기 능력을 확인할 수 있다. 그뿐만 아니라 학생들이 어디에서 어려움을 겪었으며 구체적으로 어떠한 도움을 필요로 하는지를 분명하게 진단할 수 있다. 학생들의 글에 대한 진정성을 확인할 수 있다는 점 역시 교수자에게 중요한 의의를 갖는다. 한편으로, '초고 작성-반성적 글쓰기 작성-반성적 글쓰기를 토대로 한 초고 수정'의 단계로 글쓰기 지도를 하는 것도 가능하다.

2. 반성적 글쓰기의 방법

1) 반성적 글쓰기에 활용할 수 있는 질문

박영민 등(2013)은 반성적 글쓰기에 활용되는 반성적 사고 기능을 분석, 종합, 평가로 구분하여 반성적 글쓰기를 수행하는 필자가 스스로에게 다음과 같은 질문을 던져볼 것을 안내하고 있다. 본격적인 반성적 글쓰기를 시작하기 전에, 다음과 같은 질문을 통해 반성적 글쓰기에 활용할 수 있는 내용을 생성해 보는 것이 도움이 된다.

분석	• 당신이 반성하고자 하는 상황, 과정, 또는 결과를 야기했거나 영향을 미쳤던 원인은 무엇인가? • 그 원인을 구성하는 세부적인 구성 요소는 무엇인가? • 그 원인이 야기된 더욱 본질적인 원인이 무엇인가?
종합	• 앞에서 살펴본 구성 요소나 원인은 어떻게 당신의 반응에 영향을 주었는가? • 당신이 앞에서 살펴본 구성 요소나 원인을 변화시킨다면 어떠한 일이 생기겠는가? • 이 모든 것을 어떻게 요약할 수 있는가? • 당신이 배운 것은 무엇인가? 당신이 개선해야 하는 것 중 가장 중요한 것은 무엇인가?
평가	• 반성적 쓰기의 대상에 대한 당신의 태도나 감정은 어떠한가? • 당신의 행동이나 과정에 대하여 긍정적이었다고 생각하는 것은 무엇인가? • 어떠한 것을 계속 유지하고 어떠한 것을 개선해야 하는가?

2) 반성적 글쓰기의 예시 자료

반성적 글쓰기의 예시 자료로는 다음과 같은 것을 들 수 있다. 하지만 여기에서 소개하는 것만이 반성적 글쓰기의 전형적인 내용은 아니다. 반성적

面從腹背(면종복배): 앞에서는 순종하는 듯하지만 뒤에서는 딴 마음.

글쓰기에는 매우 다양한 내용이 포함될 수 있다.

……〈전략〉……

과제 기준에 맞게 나의 경험 내용과 정서 표현에 대해 초점을 맞추고 멋지게 쓰자는 생각으로 시작했으나, 이 글쓰기를 나의 자서전처럼 다 쓰고 잊지 않게 간직하고 싶다는 생각으로 글을 써 나가게 되었다. 쓰면서 나도 몰랐던 그때의 눈물이나 감정이 생각이 났다. 마치 그때로 돌아간 것처럼 고통의 기억을 쓸 때는 마음이 약간 먹먹했다. 정말 좋았던 것, 그때의 극복과정을 세세하게 써 내려가며 나의 마음도 치유가 되었다. 그리고 그때의 극복과정을 기억하며, 앞으로 힘들 일이 있더라도 다시 잘 이겨 내리라는 자신감도 찾았다. 그 전에는 앞으로 작은 걸림돌에도 넘어질까 봐, 언제 있을까 무서웠는데, 이 과제를 통하여 앞으로의 걸림돌에 무서움이 사라졌다. (학생 글)

나는 고통과 고난을 극복하고 성취를 한 경험을 주제로 한 글을 재구성하여 썼다. 원래 작성했던 내가 수영 합숙을 했던 당시의 경험에 관한 글을 재구성하는 데 교수님의 의견에서는 고통의 경험과 그에 수반된 생각, 극복 노력의 기억이 생생하게 드러났다고 하였기 때문에 기존에 작성된 글에 좀 더 자세히 나의 감정 상태를 표현해 보는 것으로 재구성하였다. 고칠 점으로 지적된 것으로는 쉼표가 너무 많아서 자연스럽게 읽히지 않는다고 했다. 이를 위해 쉼표의 쓰임새에 대해 다시 찾아보았고 정확한 쓰임새에 쓰일 수 있도록 참고하여 글을 작성하였다. 글을 재구성하는 경험은 기존에 자신이 표현했던 방식을 다른 관점에서 바라볼 수 있도록 도와주었고 문법에 대한 개념 정리에도 도움이 되었다. 이런 방식의 자신의 글을 되돌아보는 과제는 글쓰기 수업에서 권장되는 것이 아니라 필수적인 것이 아닐까 생각될 정도였다. (학생 글)

글쓰기 수업을 듣기 전에 나의 글쓰기 과정은 단순했다. 쓸 내용을 대충 생각하고 나면 그다음에 초고 쓰기가 끝이었다. 개요를 작성하는 단계와 수정하기의 단계가 없었다. 하지만 개요를 작성하는 것이 글쓰기에서 정말 중요한 부분이라는 것을 배우고 나서 개요를 작성할 때에 구체적으로 작성하게 되었고, 초고를 쓰는 시간보다 훨씬 더 길게 잡아 작성하면서 공을 들였다. 또 배우기 전에는 수정하기 단계를 자신의 선택인 옵션 단계로만 생각했다. 하지만 수정하기의 단계는 필수적인 단계이고 수정도 적극적으로 해야 한다는 것을 알았다.

열심히 모은 자료를 검토하여 정리를 한 뒤에는, 처음 생각해 둔 순서에 따라 개요를 작성했다. 반드시 손으로 연습장에 썼는데, 손으로 공책에 쓰면 눈에 확 들어와서 개요를 수정할 때 도움이 되었다. 개요를 작성하고, 초고로 넘어갈 때 가장 힘들었던 것은 역시 이야기를 시작하는 것과 끝맺음하는 것이었다. 필자로서 가장 부족하다고 생각하는 것이 바로 이 부분인데, 수능시험 볼 때 본론으로 바로 넘어가는 습관을 들여서인지, 모은 자료 대부분이 본론을 구성하는 데에 국한되어 있어서인지, 본론에 비해 서론, 결론 부분을 써 내려가기가 어려웠다. 이럴 때는 신문기사와 같이 다른 사람이 쓴 글을 읽어 보거나, 동료 평가를 하면서 다른 친구의 것을 참고해서 머리를 짜 냈다. 하지만 아직도 부족하기에, 앞으로는 평소에 책을 읽을 때부터 서론과 결론 부분까지 꼼꼼하게 읽고 정리하여 내 것으로 흡수할 것이다. 또 괜히 색다르고 독특한 것을 쓴다고 주제에서 벗어나는 서론, 결론을 만들 것이 아니라, 물리는 것이더라도 어디까지나 서론과 결론이 갖추어야 할 내용 안에서 글을 쓸 것이다.

글쓰기는 학문 활동에서 직접 연구하는 것 못지않게 중요하다고 생각한다. 이러한 생각은 글쓰기 수업을 들으면서 더욱 발전하였다. 처음에는 MIT 및 캘테크(캘리포니아공과대학) 등의 대학에서 글쓰기를 중요하게 여기고 학생들에게 많은 수업을 듣도록 한다는 것에 의아했으나 수업을 들음으로써 얼마나 중요한지 알 수 있었다. 글쓰기 수업을 통해 체계적이고 논리적인 의견 표현 방법을 배울 수 있었을 뿐 아니라 좋은 글을 쓰는 방법을 알 수 있었다. 생물학자인 최재천 교수가 우리 사회에 큰 영향력을 가지게 된 것은 그가 학문적 업적이 뛰어날 뿐만 아니라 글을 잘 썼기 때문이라고 생각한다. 과학이 상아탑 속의 학문에 그치지 않고 사람들에게 알려질 수 있으려면 과학자들이 뛰어난 글쓰기 능력으로 사람들에게 전문적인 내용을 쉽고 재미있게 설명해야 한다고 생각한다. 따라서 글쓰기는 과학을 하는 나에게는 매우 중요하다.

출처: 김민정(2009).

실천 활동

1 자신의 글쓰기 과정을 되돌아보며 다음 물음에 답해 보시오.

(a) 자신이 쓟 글에 대하여

- 글의 주제는 무엇이었나?

- 글의 유형은 무엇이었나?

- 누구를 예상 독자로 설정했나?

(b) 글쓰기 과정에 대하여

- 글을 쓰면서 어려웠던 점이나 부족함을 느꼈던 부분은 무엇이었나?

- 어려웠던 점이나 부족한 점을 극복하기 위해 어떠한 노력을 했나?

- 글을 쓰면서 새롭게 깨닫게 된 점은 무엇이었나?

(c) 완성한 글에 대하여

- 자신이 작성한 완성된 글의 장점은 무엇인가?

- 자신이 작성한 글에서 아쉬운 점은 무엇인가?

(d) 글쓰기 과정에 대한 성찰

- 앞으로 글을 쓸 때 노력해야 할 점은 무엇인가?

- 글쓰기 경험을 돌이켜 보면서 들었던 생각이나 느낌은 무엇인가?

2 앞의 활동 내용을 토대로, 완결된 한 편의 반성적 글쓰기를 작성하시오.

제목:

본문:

그 누구도 내 삶을 대신해서 살아 줄 수 없기 때문에 나는 나답게 살고 싶다. – 법정 스님

글쓰기 상식 코너

글쓰기 오류 바로잡기 !

– 표현 2 –

약속은 반드시/반듯이 지켜라.
고개를 반드시/반듯이 들어라.

차와 차가 마주 부딪쳤다/부딪혔다.
마차가 화물차에 부딪쳤다/부딪혔다.

회의에 부치는/붙이는 안건
흥정을 부친다/붙인다.

밥을 안친다/앉힌다.
윗자리에 안친다/앉힌다.

이따가/있다가 오너라.
돈은 이따가도/있다가도 없다.

사람으로서/사람으로써 그럴 수는 없다.
닭으로서/닭으로써 꿩을 대신했다.

글쓰기 오류 바로잡기 !
– 표현 3 –

① 명사문 사용하기
앞에 어떤 문장, 구, 절 등이 나오지 않으면 '–ㄴ/은/는/던 것이다'로 끝나는 명사문은 사용하지 않는다.

– 선생님은 서랍을 조용히 닫았다. 자리를 피하고 싶었던 것이다. (○)
– 선생님은 서랍을 조용히 닫았던 것이다. (×)

② 구어체와 문어체의 구분
문장을 기술하다 보면 '~하였다'로 쓸지, '~했다'로 쓸지 헷갈리는 경우가 많다. 그리고 '그들은 나의 부모이다.'로 쓸지, '그들은 나의 부모다.'로 쓸지도 마찬가지다.
두 가지 다 올바른 표현이지만, '하였다'는 문어체고, '했다'는 구어체다. '부모이다'는 문어체고, '부모다'는 구어체다. 대부분 구어체는 문어체보다 짧게 표현된다. 자신이 기술하는 내용의 특성을 고려해서 구어체와 문어체를 구분하여 활용할 수 있다.

제13장

프레젠테이션 글쓰기

프레젠테이션이란 시청각 자료를 이용하여 전달하고자 하는 내용을 구성하고, 구성한 자료를 기반으로 하여 정보를 상대방에게 전달하거나 설득하는 일련의 과정을 말한다. 다양한 컴퓨터 프로그램을 이용해 누구나 손쉽게 효과적인 자료를 작성할 수 있게 되면서, 디지털 기술을 기반으로 한 프레젠테이션이 일반화되고 있다. 사회 모든 영역에서 프레젠테이션이 주요 커뮤니케이션 수단으로 활용되면서 프레젠테이션 능력은 현대 사회의 구성원으로서 갖춰야 하는 핵심 역량으로 평가받고 있다(김세령, 2014). 전국경제인연합회의 보도 자료에 따르면 조직 구성원이 갖추어야 할 핵심 역량으로 프레젠테이션을 들고 있으며, 그 비중 또한 매우 높다.

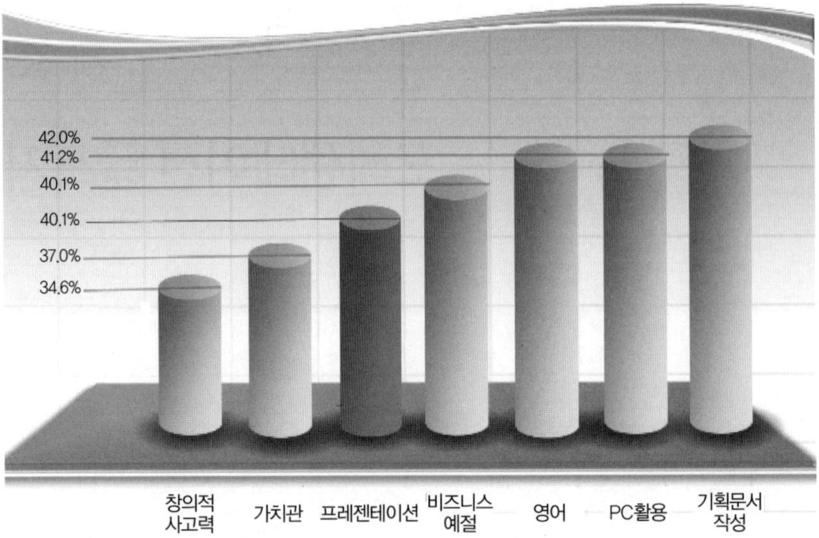

[그림 13-1] 조직 구성원의 핵심 역량

출처: 전국경제인 연합회(2008).

1. 프레젠테이션의 개념과 내용 구성

프레젠테이션(Presentation)이란 단어가 사용되기 시작한 것은 불과 20여 년밖에 되지 않았다. 그러나 많은 사람이 아직 그 정확한 뜻과 중요성을 이해하지 못하고 있다. presentation은 동사 present에서 파생되었는데, present는 '앞에 존재하다.'라는 의미를 지니고 있다. presentation의 사전적 의미는 '증정, 바침, 기증, 표시, 발표, 외양, 소개, 공연, 연출, 제출, 제시' 등으로 제시되고 있다(두산동아, 2004).

그러나 오늘날 실제로 쓰이는 의미는 '필요에 의해 자신이 수립한 기획, 내용, 제품, 기술 등의 기대 효과를 발생시키기 위해 한정된 시간과 일정한 장소에서 바르고 효율적으로 전하는 발상, 구성, 발표력의 기술로서 공식,

비공식을 따지지 않고 무엇인가 제안하는 모든 것'을 이른다(이견실, 2000).

즉, 프레젠테이션이란 자신이 가지고 있는 생각이나 자료를 상대방에게 설득하기 위해 전달하는 말하기 형태의 모든 것이라고 할 수 있으며, 제안형 설득이라고 설명되기도 한다(후쿠다 다케시, 2005).

프레젠테이션의 일반적인 목적은 청중에 대한 동기부여, 흥미 유발, 정보 제공, 설득, 행동화 등으로 구분해 볼 수 있다.

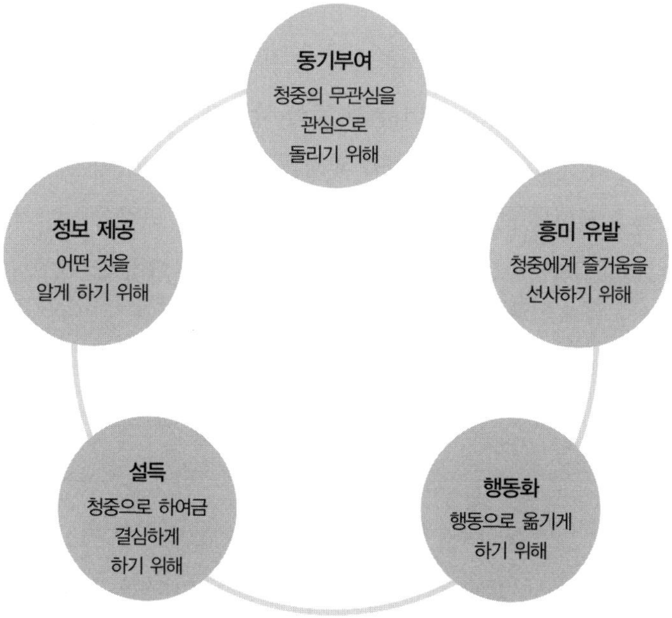

[그림 13-2] 일반적인 프레젠테이션의 목적

프레젠테이션의 내용은 문서를 작성하는 과정과 마찬가지로 서론, 본론, 결론의 체계적 구성이 필요하며 각 단계에 알맞은 전달 기법이 요구된다.

1) 서 론

프레젠테이션에서는 도입부의 60~90초가 가장 중요하다고 말한다. 이 시간 내에 발표자의 첫인상과 내용에 대한 흥미 등이 결정되기 때문이다. 서론의 도입부에 해당하는 이 시간 동안에 청중의 관심을 유도하면서 발표 내용에 대한 신뢰를 높여야 하고 다음에 이어서 발표할 내용의 흐름을 소개해야 한다. 서론의 도입부에서 내용과 관련된 유머, 일화, 인상적인 질문 등을 활용하는 것은 매우 효과적인 방법 중의 하나다. 서론의 분량은 전체 프레젠테이션의 10% 정도를 차지하는 것이 적당하다(황혜진, 조계숙, 1998).

서론을 발표하면서 포함되어야 할 것은 발표자의 소개다. 그리고 적절한 인사말을 통해 청자에 대한 배려와 관심을 나타냄으로써 이후 발표 과정에서 소통을 원활하게 해야 한다. 프레젠테이션은 청자 중심의 이야기다. 아무리 좋은 내용이라도 청자가 이해하지 못하거나 소통되지 않으면 아무 의미가 없다.

2) 본 론

본론에서는 발표를 통해 전달하고자 하는 주요 내용을 제시하는 것으로서, 그림, 통계, 예시, 인용 등의 관련 자료를 통하여 내용의 근거를 제공하여야 한다. 그리고 원활한 표현, 어조, 제스처, 시청각 효과를 통해 청중의 주의를 유지하고 환기해야 한다. 본론에서는 전달하고자 하는 내용을 핵심적으로 제시하고, 명료한 문장이나 표현을 통해 요점이 부각되도록 해야 한다(황혜진, 조계숙, 1998). 또한 청자의 집중 시간이 짧게는 15초에서 길게는 10분 정도밖에 되지 않는다는 점을 기억하고, 발표 중간에 내용의 강조나 주의 집중을 위한 아이디어가 포함되어야 한다.

3) 결 론

결론은 본론보다도 청중의 관심이 집중되는 부분으로 전체 발표의 10% 정도가 적당하다. 결론을 통해 앞에서 전달한 내용의 요점을 정리하고, 청중을 고려하여 내용에 대한 친절한 해석을 요약적으로 제시함으로써 프레젠테이션의 효과를 극대화한다. 청중은 사실 결론을 통해 내용에 대해 다시 한번 이해하고 기억에 남기게 된다. 그리고 질문 시간을 가짐으로써 발표 내용에 대한 보완과 이해를 돕고, 청중과 상호작용을 높인다(황혜진, 조계숙, 1998). 마지막으로 청중에 대해 알맞은 인사말로 마무리해야 전체적으로 긍정적인 인상을 남길 수 있다.

2. 프레젠테이션의 구성 요소

프레젠테이션을 실행하기 위해서는 발표에 대한 내용, 시청각 자료, 언어적 · 비언어적 요소가 조화되어야 한다. 이를 프레젠테이션의 구성 요소라고 한다. 각각의 내용을 살펴보면 다음과 같다(김미림, 2005).

1) 내 용

성공적인 프레젠테이션을 위해서는 잘 구성된 내용이 필요하다. 발표하고자 하는 전체적인 내용의 개요를 파악하는 것이 중요하며, 청자의 흥미나 기대에 부합하는 내용으로 구성해야 효과가 높아진다.

2) 시청각 자료

최근 다양한 시청각 자료를 활용하여 수준 높은 프레젠테이션을 자주 볼 수 있다. 시청각 자료를 활용하면 청중들이 정보에 대한 기억을 20%까지 높일 수 있다고 한다(김미림, 2005). 시청각 자료는 전달하고자 하는 내용을 그림, 표, 동영상, 음성 등을 통해 제시하는 것으로 청중들이 내용을 이해하는 데 큰 도움이 된다. 시청각 자료는 매우 다양하기 때문에 청중의 기대 수준, 발표 규모, 발표 목적, 시간, 장소, 시설 등을 종합적으로 고려하여 적당한 선택을 해야 한다. 간혹 발표하는 내용의 시청각 자료에 의존하여 발표자의 표현이나 설명 등이 부족한 경우가 있는데 이는 역효과를 낼 수 있다. 시청각 자료는 어디까지나 보조적 수단임을 명심하고 자신감 있는 자세와 표현을 우선으로 해야 한다.

3) 언어적 요소

언어적 요소에는 발표 자료에 포함된 글과 발표 과정에서 나타나는 음성적 표현이 있다. 발표 자료에 포함되는 글은 개조식의 진술이 내용 파악에 도움이 되며, 5행 이상으로 진술하는 것은 적절하지 않다. 흥미나 관심을 유발하기 위해서는 단어 위주의 제시도 가능하지만 발표 내용을 듣지 않고 제시된 글만 보아도 내용 파악이 될 수 있을 만큼 표현되어야 한다. 불필요한 형용사, 부사는 사용하지 않는 것이 좋고, 자료의 우선순위를 표현하기 위해 음영이나 글씨체, 색깔 등을 달리하여 표시해야 한다.

텍스트 표현의 핵심은 가독성, 명시성, 통일감이다. 프레젠테이션 슬라이드에 어울리는 글씨체는 한글의 경우, 돋움, 굴림, 견고딕, 헤드라인 등이고, 영문의 경우, Arial, Arial Narrow, Arial Black, Tahoma 등을 추천할 수 있다. 제목의 크기는 28~32포인트가 적당하고, 본문의 경우 18~24포인트 가 적당하다. 글자의 배경은 어둡게 하고, 글자 색을 밝게 표시하는 것이 좋다.

구분	글꼴	예
한글	돋움체	프리젠테이션 디자인
	굴림체	프리젠테이션 디자인
	견고딕체	**프리젠테이션 디자인**
	헤드라인체	**프리젠테이션 디자인**
영문	Arial	Presentation Design
	Arial Narrow	Presentation Design
	Arial Black	**Presentation Design**
	Tahoma	Presentation Design

[그림 13-3] 프레젠테이션 예시 글꼴

그리고 음성의 크기, 높낮이, 속도, 휴지, 명확한 발음 등이 고려되어야 한다. 아무리 디자인 구성이나 자료가 훌륭하더라도 발표가 언어적으로 충분히 연습되지 않으면 아무 효과가 없다. 자신감 있고 명료한 표현, 중복되는 말의 생략, 강조와 어조 등을 고려하여 충분한 연습이 이루어져야 한다.

4) 비언어적 요소

비언어적 요소는 언어적 요소만큼이나 중요하다. 일상생활에서는 언어적 요소가 7%, 비언어적 요소는 93%가 소통의 기호로 활용된다. 비언어적 표현 역시 발표자의 자신감과 능력을 나타내 준다. 표정, 시선, 발표 자세, 제스처 등이 여기에 포함되는데, 청중은 이를 통해 발표자의 자신감과 발표 내용에 대한 신뢰감을 가질 수 있다. 발표자의 용모도 중요한데, 청중, 장소, 시간 등을 고려하여 적합한 모습을 갖추는 것이 필요하다.

3. 프레젠테이션의 실제

프레젠테이션을 하기 위해서는 목적, 청중, 발표 장소에 대한 분석이 이루어져야 한다.

청중 분석의 세 요소는 청중의 요구 분석, 청중의 지식 수준 파악, 청중을 설득하기 위한 요소의 추출 등이다. 이것은 청중의 요구 사항을 분석하고

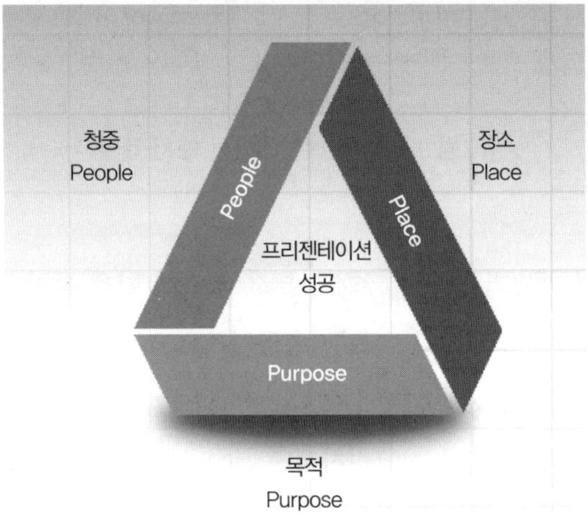

[그림 13-4] 프레젠테이션 성공 요인

이들의 지식 수준을 고려하며 설득에 필요한 방법을 마련할 것을 요구하는 것이다.

청중의 수가 많을 경우, 구체적인 테마로 압축하여 발표하고, 사전에 자료를 배포하지 않는 것이 좋다. 이것은 주의가 쉽게 산만해질 수 있기 때문에 그렇다. 청중의 수가 적을 경우, 일반적인 테마를 중심으로 발표 내용을

확대하는 형태가 적절하고, 청중과 구체적인 상호작용을 고민하여 연출하는 방법을 마련해야 한다.

청중이 여성이 중심일 경우, 주제를 쉽고 구체적으로 제시해야 하며, 경험담이나 사례를 중심으로 발표하는 것이 효과적이다. 청중이 남성이 중심일 경우, 주제를 논리적으로 제시하는 것이 좋으며, 통계 자료 등 객관적인 자료를 제시하는 것이 효과적이다.

청중의 연령이 낮은 경우, 현재 유행하는 내용을 담을 수 있도록 노력하고 글보다는 이미지를 중심으로 제시하는 것이 좋다. 청중의 연령이 높은 경우, 존경을 표하는 발표 태도가 필요하고 현실적인 내용을 활용하는 것이 효과적이다.

청중의 수준이 일반적일 경우, 간결하게 주제를 표현하고 전문 용어를 사용하지 않는 것이 좋다. 주변에서 찾아볼 수 있는 사례를 활용하는 것도 효과적이다. 청중의 수준이 전문가일 경우, 발표 자료에는 10%를 표현하고 근거 데이터를 90% 표현할 만큼 타당성을 갖추어야 한다. 그리고 청중들이 자부심을 느낄 수 있도록 표현하고 그들의 실력을 인정하는 태도가 필요하다.

장소와 관련하여 그 분위기를 확인해야 한다. 개방된 곳인지 폐쇄된 곳인지, 필요한 기자재는 무엇이고, 활용되는 소프트웨어는 무엇인지, 기타 장소에서 특별히 요구되는 것은 무엇인지 확인해야 한다.

프레젠테이션에 포함되는 그래프는 이해를 돕는 데 매우 효과적이다. 이를 통해 전달의 시간을 절약할 수 있고, 주제와 관련된 법칙이나 관련성을 제시하기 용이하다. 그래프는 크게 원, 가로막대, 세로막대, 꺾은선, 점그래프 등이 주로 활용된다. 구성을 표현할 때는 원그래프가 효과적이고, 항목을 비교할 때는 가로막대그래프, 변화 추이는 세로막대 및 꺾은선그래프, 상관관계는 가로막대 및 점그래프로 표현하는 것이 좋다.

그래프는 테두리선을 표시하지 않는 것이 좋고, 기준선을 나타내는 축의 항목은 글씨체를 크게 하여 표시해야 한다.

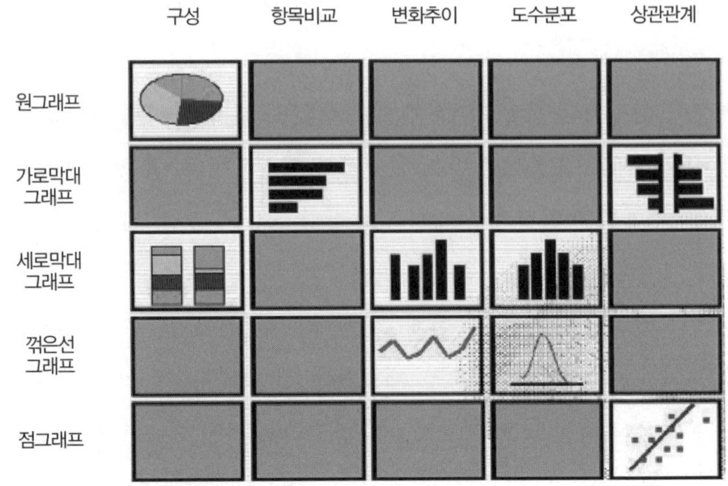

[그림 13-5] 자료 특성과 그래프 유형

프레젠테이션을 잘 실행하기 위해서는 다음의 내용을 기억해야 한다.

- 잘된 프레젠테이션을 많이 확보하여 참고한다.
- 눈에 띄는 그림, 사진, 영상, 기사 등이 있으면 저장해 놓는다.
- 컴퓨터 화면의 색은 프로젝트로 비춰진 색과 다르다.
- 배경은 흰색 계통이 가장 무난하다.
- 자신만의 프레젠테이션 포맷을 만들어 놓고 활용하자.
- 발표본을 가지고 적어도 세 번 이상 실연해 본다.

좋은 발표를 위해서는 연습이 필수적이다. 연습은 원고 작성과 자료 제작을 할 때 보이지 않았던 문제점을 발견할 수 있는 좋은 기회다. 연습 및 점검을 하지 않으면 실제 프레젠테이션에서 문제가 발생하거나 실수할 가능성이 높다. 구체적인 연습방법은 다음과 같다(전북대학교 국어국문학과, 2008).

- 원고를 소리 내어 읽는다. 어색한 단어, 잘못된 표현, 논리상의 오류와 같은 내용상의 문제점이나 더 좋은 표현, 사례의 적절성 등을 검토하고 수정한다.
- 시각 자료를 활용하면서 표현 방법과 시간을 고려하여 실전과 유사하게 연습한다. 내용의 전체적인 조화, 원고 내용과 시각 자료의 일치성, 자신의 태도, 예상 질문과 답변 방법 등을 점검한다.
- 실제 발표 장소에 가서 실전과 동일하게 연습해 본다. 발표에 대한 종합적인 점검과 현장 적응 정도를 파악한다.

발표 시 유의점은 다음과 같다(전북대학교 국어국문학과, 2008).

- 발표자는 자신감을 가지고 정확한 어휘를 구사하여야 한다. 말은 끝까지 정확하게 발음하며 말끝을 흐리지 않도록 주의한다.
- 발표를 위해서 중요한 단어를 축약하여 발표 카드를 만드는 것도 효과적이다. 원고를 들고 그대로 읽으면서 발표하는 것은 좋지 않다. 발표 내용을 여러 번 읽어서 큰 흐름을 암기하고 발표 카드를 참고하면서 발표할 수 있어야 한다.
- 말을 할 때는 천천히 시작하여 편안한 속도가 될 때까지 속도를 점차적으로 높인다. 그리고 너무 빠르지 않게 발표 시간을 고려하여 적절한 속도를 유지해서 말하도록 한다.
- 시청각 도구를 활용하여 발표할 경우에는 발표 장소에서 시청각 도구를 사용할 수 있는지의 여부와 사용 방법을 재차 확인해야 한다.
- 시청각 도구에 문제가 생겨서 발표에 사용하지 못할 수도 있다. 만일의 사태에 대비하여 시청각 도구 없이도 발표를 진행할 수 있도록 준비해야 한다.
- 가능하다면 보조 기자재를 준비해서 만일의 사태에 대비해야 한다.

- 간혹 발표하는 사람들이 컴퓨터 화면이나 프로젝트 화면을 쳐다보면서 발표하는 경우가 있는데, 청중에 80%, 스크린에 20% 정도의 비율로 시선 처리를 해야 한다.

실천 활동

■ 다음 기사를 읽고, 프레젠테이션을 준비해 보시오.

잠이 보약이라는 말이 있지만 지나친 수면이 건강에 치명적으로 위험할 수 있다는 새로운 연구 결과가 밝혀졌다. 2015년 12월 12일 영국 데일리메일 매체에 따르면 운동을 하기 싫어하면서 장시간 의자에 앉아 생활하는 사람이 하룻 밤에 9시간 이상 잠을 자는 경우 흡연과 음주만큼 건강을 위협받을 수 있다고 보도했다.
이전부터 전문가들은 신체 활동량이 부족한 사람의 경우 높은 조기 사망률을 나타내는 것을 꾸준히 경고해 왔다. 또한, 지난 몇 년간에 걸쳐 지나치게 장시간 앉아서 생활하는 것도 건강에 해롭다는 증거도 계속 증가해 밝혀져 왔다. 이에 호주 시드니 대학은 장시간 의자에서 앉아 생활하면서 장시간 수면 생활을 영위할 때 인체에 미치는 영향을 최초로 연구했다.
연구 책임자인 메로디 딩 박사는 "신체 활동의 부족, 장시간 좌석 위주의 생활 그리고 지나친 수면을 동시에 취하면 '3중 장애 효과(Triple whammy effect)'가 나타나는 것을 확인했다."라고 말했다.
딩 박사는 "이번 연구로 장시간 수면과 좌석 위주의 생활 습관을 함께 계속 영위하는 것은 음주와 건강에 해로운 식습관을 동시에 하는 것만큼 위험한 것으로 사람들에게 나쁜 영향을 미침으로 경계해야 한다."라고 강조했다.
이번 연구의 참석자들은 "과거의 연구 결과에서 흡연, 과음 그리고 부족한 운동이 조기 사망률을 높이는 세 가지 요소로 밝혀졌듯이 장시간에 걸친 좌석 위주의 생활 패턴과 너무나도 부족하거나 지나친 수면이 똑같은 효과를 인체에 일으키는 셈이다."라고 덧붙였다. 또한, 이번 연구로 하루 7시간 이하로 수면을 취하면서 흡연과 과음을 하는 경우에도 조기 사

나는 책을 읽을 때 어려운 부분과 만났다고 해서 결코 지나치게 골똘히 생각하지 않는다. 한두 번 고쳐 생각하다가 그냥 버려둔다. 그렇지 않고 어려운 부분을 계속 고집하면 자기 자신과 시간을 모두 잃고 만다. – 몽테뉴

망률의 위험이 4배 이상 증가하는 것으로 나타났다.
이러한 위험 요소로 인해 더 심각한 것은 부족한 신체 활동과 지나친 수면 시간 및 장시간에 걸친 좌석식 위주의 생활 습관 그리고 흡연과 과음의 경우라고 지적했다. 연구를 같이 수행했던 아드리언 바우만 교수는 "이번에 얻어진 결과에 근거해 공중보건건강 프로그램을 세울 때 한 가지 요소보다는 여러 개의 위험 요소를 함께 고려해야 한다."라며 "그로 인해 생활 습관과 관련된 질병을 효과적이고 경제적으로 예방할 수가 있다."라고 말했다.
바우만 교수는 "매년 심장질환, 당뇨 그리고 암 등 비전염성 질병으로 전 세계적으로 3천 8백만 명 이상이 사망하는 사실에 근거해 이번에 밝혀진 위험인자들이 상호 결합해 보다 잘 분석하고 이해할 수 있을 때 인류 건강의 큰 위협 요소를 줄일 수 있다."라고 덧붙였다.

출처: 세계일보(2015. 12. 14.).

(a) 이 기사를 근거로 자신이 말하고 싶은 주제와 제목을 설정해 보자.

(b) 자신이 발표할 가상의 청중, 장소, 시간을 설정해 보자.

- 대상:
- 장소:
- 시간:

(c) 설정한 주제를 바탕으로 프레젠테이션의 서론, 본론, 결론의 구성을 작성해 보자.

서 론:

본 론:

결 론:

(d) 자신의 아이디어를 포함하는 각각의 슬라이드를 작성해 보자.

1. 서 론

2. 본 론

독서는 천천히 해야 하는 것이 첫 번째 법칙이다. 이것은 모든 독서에 해당된다. 이것이야말로 독서의 기술이다. - 파게

3. 결 론

글쓰기 상식 코너

글쓰기 오류 바로잡기!
- 표준어 -

개발새발/괴발개발	택견/태껸
내음/냄새	품새/품세
떨구다/떨어뜨리다	짜장면/자장면
손주/손자	허접쓰레기/허섭스레기
어리숙하다/어수룩하다	흙담/토담
끄적거리다/끼적거리다	맨날/만날
추근거리다/치근거리다	묫자리/묏자리
등물/목물	눈꼬리/눈초리

■ 발표 및 면접 시에 감점 1순위는? (조선일보, 2012. 6. 13.)

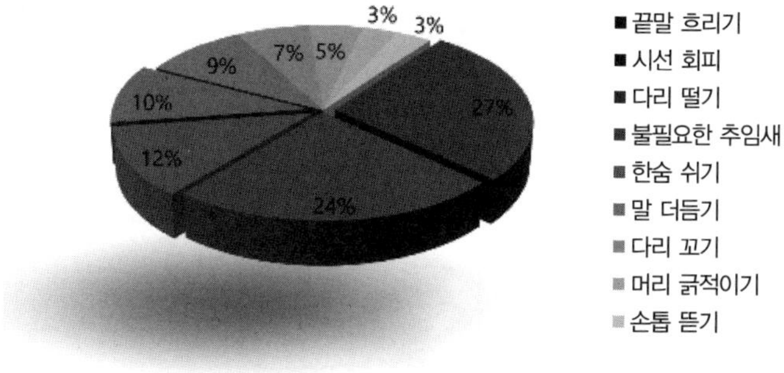

■ 발표 및 면접 때 마지막 말에 큰 영향력이 있다! (경향신문, 2013. 10. 10.)
- 면접 진행 시 끝으로 하고 싶은 말이 있는지 물어본다. (62.8%)
- 끝으로 하고 싶은 말 중에 채용 및 점수에 큰 영향을 미치는 인상적인 답변이 있다. (84.5%)

참고문헌

강미은(2006). 논리적이면서도 매력적인 글쓰기의 기술. 서울: 원앤원북스.

강민경(2013). 쓰기 윤리 교육의 내용 연구. 서울대학교 박사학위논문.

경향신문 (2013. 10. 10). 면접시 마지막으로 하고 싶은 말 합격에 영향. 서울: 경향신문

김미림(2005). 효과적인 프레젠테이션을 위한 화법교육 연구. 선문대학교 석사학위논문.

김민정(2009). 대학 글쓰기 교육에서의 '반성적 쓰기'의 활용과 의의. 한국문학이론과 비평, 45, 451-480.

김세령(2014). 효과적인 대학프레젠테이션 교육을 위한 사례 연구. 디지털융복합연구, 12(11), 625-639.

김재수, 임성규, 김재봉, 정경미(2001). 즉흥사고를 이용한 글쓰기 전략 개발 연구. 초등교육연구, 15(2), 83-104.

김주현(2009). 외모 꾸미기 미학과 페미니즘 (pp. 4-5). 서울: 책세상.

김태길(2010). 직업윤리와 한국인의 가치관 (pp. 17-18). 서울: 철학과 현실사.

동아일보, 양두병(1996. 9. 26). 연예인의 '얼굴' 콤플렉스(18면). 서울: 동아일보

두산동아(2004). 동아프라임영한사전. 서울: 두산동아.

박영목(2008). 작문 교육론. 서울: 역락.

박영목(2013). 작문의 원리와 전략. 서울: 강현출판사.

박영민(2003a). 과정 중심 비평문 쓰기. 서울: 교학사.

박영민(2003b). 반성적 텍스트의 효용성. 한국어문교육, 12, 249-276. 한국교원대학교 한국어문교육연구소.

박영민, 최숙기, 가은아, 이영진, 정미경, 박종임, 조성만, 권태현, 박찬홍, 김지영(2013).

쓰기 지도 방법. 서울: 역락.
박영민, 최숙기(2008). 중학생 쓰기 윤리 실태 연구. 청람어문교육, 37, 41-79.
사이토 다카시(2005). 원고지 10장을 쓰는 힘(황혜숙 역). 루비박스.
안상희(2015). 범교과적 글쓰기(WAC)를 통한 대학 글쓰기 교육. 작문연구, 24, 113-134.
염창권(1996). 쓰기 교수-학습 모형과 전략 연구. 한국초등국어교육, 12, 75-116.
오경균(2009). 글쓰기 전략에 관한 연구. 한남대학교 석사학위논문.
유홍준(2009). 나의 문화유산 답사기 2 (pp. 253-254). 경기: 창작과비평사.
이견실(2000). 광고 프레젠테이션. 서울: 나남출판.
이오덕(1992). 우리 문장 쓰기. 경기: 한길사.
이재승(2002). 글쓰기 교육의 원리와 방법. 서울: 교육과학사.
이희승, 피천득, 박두진, 남광우, 조병화, 김요섭, 성래운, 안병욱, 서정주, 김동리(1987). 작문작법 · 예문. 서울: 신한.
임성규(1998). 글쓰기 전략과 실제. 서울: 박이정.
임성규, 정미희(2004). 쓰기 교육에서 전략의 의미와 적용. 한국초등국어교육, 25, 185-212.
임재춘(2005). 한국의 직장인은 글쓰기가 두렵다. 서울: 북코리아.
장미영(2010). 백지공포증이 있는 대학생을 위한 글쓰기. 서울: 북오션.
전북대학교 국어국문학과(2008). 이공계 글쓰기. 경기: 태학사.
정기철(2005). 논술교육과 토론. 서울: 역락.
정희모, 이재성(2005). 글쓰기 전략. 서울: 들녘.
조선일보 (2012. 6. 13). 면접시 감점 버릇 1위 말끝 흐리기. 서울: 조선일보
최경수(2012). 쓰기학습부진학생과 일반학생의 쓰기 특성 비교. 단국대학교 석사학위논문.
최상규(1999). 글, 어떻게 쓸것인가. 서울: 예림기획.
한국교원대학교(1995). 문장의 이론과 논문작성. 서울: 한국문화사.
한철우, 성낙수, 박영민(2003a). 사고와 표현. 서울: 교학사.
한철우, 박영민, 이재기, 최병흔(2003b). 과정 중심 작문 평가. 서울: 원미사.
황혜진, 조계숙(1998). 효과적 프레젠테이션에 관한 연구. 비서학 논총, 7(1), 125-142.
후쿠다 다케시(2005). 프레젠테이션은 말하는 힘으로 결정된다(정유선 역). 서울: 바른지식.

A foul morning may turn to a fair day. 궂은 아침도 맑은 낮으로 변할 수 있다. - 외국 속담

Dawkins, R. (2002). 이기적 유전자(증보판, 홍영남, 이상임 역) (pp. 7-8). 서울: 을유문화사.

Ivanic, R. (1998). *Writing and identity: The discoursal construction of identity in academic writing.* Amsterdam: John Beniamins Publishing Company

Ferrucci, P. (2009). 아름다움은 힘이 세다(윤소영 역) (pp. 36-37). 서울: 웅진지식하우스.

Flower, L. (1998). 글쓰기의 문제해결 전략(원진숙, 황정현 역). 서울: 동문선.

Mankiw, N. G. (2005). 맨큐의 경제학(3판, 김경환, 김종석 역). 서울: 교보문고.

Mithen, S. (2001). 마음의 역사(윤소영 역) (p. 9). 서울: 영림카디널.

Proett, J., & Gill, K. (1986). *The Writing Process in Action: A Handbook for Teachers.* National Council of Teachers of English, 1111 Kenyon Rd., Urbana, IL 61801.

Sather, T. (2008). 찬성과 반대(김내은 역). 서울: 굿인포메이션.

Spitzer, M. (2013). 디지털 치매(김세나 역). 서울: 북로드.

Stephan, P. (2013). 경제학은 어떻게 과학을 움직이는가(인윤희 역) (pp. 359-361). 서울: 글항아리.

Werder, L., & Schulte-Steinicke, B. (2004). 교양인이 되기 위한 즐거운 글쓰기(김동희 역). 서울: 들녘.

Zimmerman, B. J., & Kitsantas, A. (2007). A writer's discipline: The development of self-regulatory skill. *Writing and Motivation, 19,* 51.

국립국어원 (2015). 한글 맞춤법. www.urimal365.kr

네이버 지식백과 (2010). terms.naver.com

이재승(2015. 12. 14). 지나친 수면은 음주나 흡연만큼 건강에 치명적으로 안 좋다? 세계일보: www.segye.com/content/ html/2015/12/14/20151214003824.html

전국경제인연합회 (2008). 기업이 원하는 인재상 조사결과. www.fki.or.kr

한국 브리테니커 온라인 (2015). www.britannica.co.kr

찾아보기

자신의 결점을 반성하는 사람은 타인의 결점을 캐낼 틈이 없다. - 톨스토이

저자 소개

- 김현욱(Kim Hyunwook)

한국교원대학교 교육학 박사
건국대학교 글로컬캠퍼스 교수 역임
현 중원대학교 교양학부 교수, 창의개발센터장

- 박찬흥(Park Chanheung)

한국교원대학교 교육학 박사
현 중원대학교 교양학부 초빙교수, 창의개발센터 전담교수

글쓰기의 이해와 실제

Theory and Practice of Writing

2016년 9월 1일 1판 1쇄 발행
2020년 9월 25일 1판 4쇄 발행

지은이 • 김현욱 · 박찬홍
펴낸이 • 김 진 환
펴낸곳 • (주) 학지사
04031 서울특별시 마포구 양화로 15길 20 마인드월드빌딩 5층
대표전화 • 02) 330-5114 팩스 • 02) 324-2345
등록번호 • 제313-2006-000265호
홈페이지 • http://www.hakjisa.co.kr
페이스북 • https://www.facebook.com/hakjisabook

ISBN 978-89-997-0925-8 93370

정가 16,000원

이 도서의 국립중앙도서관 출판시도서목록(CIP)은 서지정보유통지원시스템 홈페이지(http://seoji.nl.go.kr)와 국가자료공동목록시스템(http://www.nl.go.kr/kolisnet)에서 이용하실 수 있습니다.
(CIP제어번호: CIP2016019246)